INHALTSVERZEICHNIS

Vorwort 7

Heiliger Mumm 9
Zions Töchter 17
Die Bruchlandung 26
Prügel statt Erdbeeren 32
Nur echte Engel sind schwindelfrei 37
Der zertrampelte Himmel 46
Eltern sind schwierig 57
Kauen, schlucken, schütteln 72
Das Unheil Hitler 79
Frauen werden unsichtbar 95
Gott kommt durch die Wand 106
Das Bügelkomplott 121
Rache ist süß 132
Brot zu verschenken! 140
Gesunder Appetit 147
Zimmer Nr. 13 150
Ein Zimmer zu zweit 159
Die kalte Dusche 166

VORWORT

Es steht ein Satz in der Bibel, von dem ich sage –
noch sage – dass er nicht stimmt:

»Denk an deinen Schöpfer in deiner Jugend – bis
hierher gefällt mir der Satz ausgezeichnet –, ehe
die bösen Tage kommen und die Jahre sich nahen,
da du wirst sagen: ›Sie gefallen mir nicht.‹«

Salomo spricht in diesem Vers vom Alter.

Ich *bin* alt – 70 Jahre.

Ich bin *gern* alt und die Jahre gefallen mir *sehr
gut*. Allerdings muss ich dazu sagen, dass mich
die Zipperlein des Alters nicht über Gebühr
quälen.

Dagegen hat es mich an anderer Stelle erwischt.
Es heißt ja auch: »Alter schützt vor Torheit nicht.«
(Das steht nicht in der Bibel, stimmt aber trotz-
dem.)

Lieber Leser und liebe Leserin: Ich bin so tö-
richt, mir einzubilden, meine Jugenderinnerungen
könnten dir Vergnügen bereiten. Mit dem Begriff
»Jugend« gehe ich dabei sehr großzügig um und
dehne sie etwa bis zu meinem 35. Jahr aus; das ist
immerhin die Hälfte meines Lebens.

Zunächst schrieb ich in Stichworten auf, was
mir noch einfiel, getreu dem Rat aus 5. Mose 32,7
und Psalm 103: »Gedenke der vorigen Zeiten und
habe Acht auf die Jahre«, und: »Vergiss nicht, was
Gott dir Gutes getan hat.« – Es kam einiges zusammen. Davon sind hier versammelt: elf Erlebnisse

aus meiner frühen bis späten Kindheit; drei Erlebnisse aus meinem diakonischen Praktikum im Leipziger Diakonissenkrankenhaus; vier Erlebnisse aus meinem Reisedienst zur DDR-Zeit in ostdeutschen Hotels der 60er bis 80er Jahre.

Ich wünschte, ich könnte dich damit reizen, dein eigenes Leben Revue passieren zu lassen. Denn Gott sorgt dafür, dass *jedes* Menschenleben sein *eigenes*, kunstvolles Muster bekommt. Doch was nützt das schönste Muster, wenn du es gar nicht wahrnimmst?

Um »Geschichten zwischen Himmel und Erde« geht es in diesem Buch. Natürlich spielt mein Leben auf der Erde. Aber immer habe ich dabei den Eindruck, nein: die Gewissheit gehabt, dass Gott sich intensiv um mich und uns bemüht, dass er uns zurechtrückt, wenn wir total danebenliegen; dass er mit uns neu beginnt, wenn wir am Ende sind; und dass er bei aller Ernsthaftigkeit unser Leben mit manchem Gramm Humor würzt.

Gott versteht dein Leben, denn er hat dich gemacht. Bedenke das, wenn du im Strandkorb faulenzend, im Inter-City-Express dahinrasend, im Vorzimmer des Zahnarztes Schlimmes erwartend oder abends vor dem Einschlafen im Bett liegend dieses Buch liest.

Heiliger Mumm

Bereits mit meinen ersten Schritten hatte ich »die große Liebe« kennen gelernt; sie hielt an, bis ich erwachsen war. Kaum konnte ich – auf Zehenspitzen stehend – die Türklinken erreichen, lief ich zu ihr.

Sie wohnte gleich neben der Schule, in der *ich* mein Zuhause hatte, denn mein Vater arbeitete in meinem Heimatort Heidersdorf im Erzgebirge als Lehrer und Kantor.

Ich konnte meine Liebe also problemlos und oft besuchen.

Das Beste an ihr war, dass sie mir so spannend erzählte, und das aus einem unerschöpflichen Buch. Manche fanden, sie sei etwas »absonderlich«. Da ich aber nicht wusste, was das heißen sollte, störte es mich nicht.

Sie duldete an ihren Fenstern keine Gardinen, weil die so viel von der schönen Erzgebirgslandschaft verdeckt hätten. Auch verschmähte sie den Verzehr von Fleisch und Wurst, weil ihr die armen Tiere Leid taten, die zu unserem Genuss ihr Leben einbüßen. Bier und andere berauschende Getränke verabscheute sie. Schon viele Säufer hatten ihr in elendem Zustand zu Füßen gelegen und sie verlor an jeden ihr Herz. Sie selbst trank literweise Kakao, der auch mir sehr gut schmeckte, denn ich durfte aus ihrem Krug trinken.

Den größten Eindruck machte auf mich jedoch ihr langer Vollbart.

Warum rollst du mit den Augen? Du hast noch nie eine Frau mit Vollbart gesehen?

Ich auch nicht.

Es behauptet ja keiner, dass meine »große Liebe« eine *Frau* war. Ich rede von einem *Mann*, einem ganz besonders freundlichen Mann – von unserem Pfarrer.

Meine Spielkameraden ärgerten sich darüber, dass ich so oft und so gern ins Pfarrhaus lief, um mir vom Pfarrer – er hieß Alexander Schulze – biblische Geschichten erzählen zu lassen; denn ohne mich wagten sie es nicht, im Schulgelände oder gar im Schulhaus zu spielen, doch gerade das war verlockend.

Ich machte ihnen ein Angebot: »Ihr könnt ja mit zu ihm kommen. Er freut sich.«

»Du spinnst wohl! Mir setzn uns doch nich zu dem komischn Heilichn. Der kann vielleicht Geschichtn erzähln, aber sonst kann der nischt. Der hat ja noch nich mal eene Frau. Wettn, dass der nich wees, wie de kleen Kinder off dr Welt komm? Der glaabt an Klapperstorch wie an' liem Gott.«

»Er hat aber *doch* eine Frau, meine Patentante Johanna!«

»Die is doch nich seine Frau. Die kocht ihm doch bloß seine Erdäppeln. Aber een Kuss hat *die* von ihm noch keen gekriecht!«

Davon war allerdings auch *ich* überzeugt.

Das Foppen und Lästern nahm kein Ende.

Manchmal erwarteten mich die Kinder schon vor dem Pfarrhaus. Wenn ich dann herauskam, ging es los:

»Na, war's spannend? Hat'r dir vom lieben Herrn Jesus erzählt? Der hatte ooch keene Frau.«

»Aber viele Frauen hatten ihn lieb!«

»Kann schon sein. Aber im Bett hat'r mit keener geleechen; drum hat'r ooch keene Kinder gehabt.«

Die Kinder ließen nichts unversucht, mir meine ›Schäferstündchen‹ im Pfarrhaus zu vermiesen.

»Wer so heilich is, der kann sich ooch glei off'n Friedhof leechn. Na ja, Pfarrer kann'r sein, sonst aber nischt.«

Pfarrer wollte ich aber nicht werden, sondern Förster.

Ob sie wohl Recht hatten? Ich musste zugeben, dass ich den von mir so hoch geschätzten Mann nur predigend und betend kannte. Auch die Geschichten, die er mir erzählte, waren *Predigten* – *spannende* Predigten.

Ach, könnte ich ihn zum Beweis seiner Lebenstauglichkeit doch wenigstens *einmal* anders erleben. Würde er nur einmal etwas tun, das auch die Kinder beeindrucken konnte – zum Beispiel Tore schießen.

Aber er spielte nicht Fußball.

Der Beweis, dass unser Pfarrer seinen Mann stehen konnte, ließ dennoch nicht lange auf sich warten.

Der nächste Jahreswechsel kam. An Silvester durfte ich aufbleiben! Mein Glück war unbeschreiblich.

Bei meinem Vater schien nun *doch* die Einsicht gesiegt zu haben, dass ich nunmehr zu den Großen zu rechnen war.

Es war eine klare und vor Kälte klirrende Winternacht. Der Schnee lag meterhoch. Der von acht Pferden gezogene Schneepflug hatte die Schneemassen nicht von der Straße räumen können. Alle Männer des Dorfes mussten zur Schaufel greifen. Am Straßenrand türmten sich Schneeberge.

Bis eine halbe Stunde vor Mitternacht kegelten meine Eltern mit meiner Schwester und mir auf dem großen Stubentisch. Eine im Erzgebirge als ›Fressteller‹ bekannte Festtagseinrichtung bot uns Spielern süße Herrlichkeiten, von denen wir uns jederzeit ungefragt bedienen durften. Zu trinken gab es eine Erdbeerbowle ohne Alkohol. Dann packten wir uns warm ein und gingen zur Kirche. Viele Leute waren zur Andacht gekommen.

Der Pfarrer hielt eine kurze Ansprache, wir sangen »Nun danket alle Gott«, wir beteten, und ehe unsere Turmuhr zwölfmal schlug, traten wir vor die Kirche ins Freie.

Der Küster wartete den Stundenschlag ab, dann zogen er, seine Frau und ein Bauer aus der Nachbarschaft an den Glockenseilen. Es war für mich ein beeindruckendes Erlebnis, in mitternächtlicher Stunde bei Glockengeläut mit vielen Menschen gemeinsam auf dem Kirchplatz zu stehen.

Unter uns knirschte der Schnee, über uns blinkten die Sterne.

Nicht weit von der Kirche entfernt stand »Stiehls Gasthof«. Dort feierten viele Dorfleute feuchtfröhlich Silvester.

Vor dem Gasthof parkten keine Autos, wie wir das heute gewohnt sind, dafür aber jede Menge Pferdeschlitten.

Nun gab es in der damaligen Straßenverkehrsordnung keinen Paragraphen, der den Pferdekutschern ihre Promillegrenze vorschrieb. Einzelne von ihnen schienen so tief in die Gläser geguckt zu haben, dass ihnen der Durchblick abhanden gekommen war.

Wir hörten vom Kirchplatz aus den Streit dreier Kutscher, die sich nicht einigen konnten, welcher Schlitten mit welchen Pferden wem gehörte. Sie fluchten und schrien und droschen plötzlich auf die armen Pferde ein, so dass diese steil in die Höhe stiegen, die Deichseln zerbrachen, ihre Geschirre zerrissen und in alle Himmelsrichtungen davonstoben. Zwei von ihnen kamen im gestreckten Galopp die Dorfstraße herunter. Einzelne Fußgänger, die nach Hause unterwegs waren, flohen in den tiefen Schnee oder drückten sich angstvoll an eine Hauswand. Wir vor der Kirche sangen gerade das Lutherlied »Ein feste Burg ist unser Gott«. Vom Kirchplatz führte eine Treppe hinunter zur Straße.

Mitten im Lied sprang plötzlich unser Pfarrer mit wehendem Talar die Stufen hinunter, immer gleich zwei oder auch drei auf einmal nehmend, rannte auf die Straße und stellte sich den wild gewordenen Pferden mit ausgebreiteten Armen in den Weg.

Unser Gesang brach mitten in der Strophe ab. Alle starrten mit offenen Mündern auf die Straße. Was würde jetzt passieren? Unser Pfarrer war in Lebensgefahr! Die Pferde würden ihn umwerfen, ihre Hufe ihn verletzen oder gar töten. Sie rasten direkt auf ihn zu! Viele Leute schrien vor Angst!

Einen halben Schritt vor unserem Pfarrer verhielten die Pferde, bäumten sich auf, standen auf den Hinterbeinen und schlugen mit den Vorderhufen in die Luft. Er packte mit der linken Hand das eine Pferd am Halfter, mit der rechten Hand gleichzeitig das andere, und zog sie beide nach unten.

»Oi ... oi ... oi, ... ganz ruhig, ... ganz ruhig, ... brav seid ihr ... brav, ... liebe Mitgeschöpfe ... ganz ruhig ... oi ... oi ... oi ...«, sprach er zu den aufgebrachten Tieren.

Die beruhigten sich tatsächlich, ließen sich von ihm streicheln und standen schließlich ganz still.

Inzwischen kam der Kutscher torkelnd, fluchend und mit der Peitsche um sich schlagend herzu. Wortlos entriss unser Pfarrer ihm die Kutschergerte. »Die können Sie sich morgen bei mir abholen.«

Er übergab dem Besitzer die Pferde und belehrte ihn lautstark: »Sie haben sich gegen Gottes Krea-

14

tur versündigt. Ich will Gott bitten, dass er Ihnen Ihre Sünde vergibt. Sie werden jetzt hoffentlich nüchtern genug sein, die Tiere friedlich in den Stall zu bringen. Sie brauchen Ruhe, Wasser und Futter. Und *Sie* brauchen Reue und Buße!«

Wortlos übernahm der Bauer seine Pferde und führte sie gesenkten Kopfes die Dorfstraße hinauf.

Inzwischen kam unser Pfarrer zu uns auf den Kirchplatz zurück. »Wir beginnen noch einmal mit der dritten Strophe«, sagte er ruhig.

Mein Vater stimmte an und alle sangen kräftig mit:

>»Und wenn die Welt voll Teufel wär
>und wollt uns gar verschlingen,
>so fürchten wir uns nicht so sehr,
>es soll uns doch gelingen.
>Der Fürst dieser Welt, wie sau'r er sich stellt,
>tut er uns doch nicht; das macht,
>er ist gericht':
>ein Wörtlein kann ihn fällen.«

Ich zitterte – nicht vor Kälte, sondern vor Aufregung. Das war *das* Erlebnis. Das war das *Beispiel*, das ich ersehnt hatte.

Vor aller Augen hatte unser Pfarrer bewiesen, dass er außer predigen und beten auch durchgehende Pferde einfangen konnte. Das war geschickter und mutiger, als ein paar Tore zu schießen.

So viele Männer standen bei uns auf dem Kirchplatz, aber keiner außer ihm hatte es gewagt, die wild gewordenen Tiere aufzuhalten.

Nachdem das Lied zu Ende gesungen war, hätte ich am liebsten laut gerufen: »Bravo dem Pferdebändiger!«

Ich unterließ es dann lieber. Doch ich freute mich schon auf den nächsten Tag. Was würden meine Spielkameraden sagen? *Ganz kleinlaut* würden sie sein. Von wegen: ›Heilche Leute kenn sich glei offn Friedhof leechn.‹ Wer hatte denn den Mut, sich den Pferden in den Weg zu stellen? Wer hatte sie gebremst und beruhigt? *Unser heiliger Pfarrer* – meine ›große Liebe‹!

Der Beweis war durchschlagend: Heilige können Heldentaten vollbringen!

Tatsächlich. In den nächsten Tagen wurde im ganzen Ort von Jung und Alt nur von dieser mitternächtlichen Sensation gesprochen. Unser guter Pfarrer Schulze war in aller Munde. Ein alter Bauer sagte zu meiner Mutter: »In dem steckt heilicher Mumm!« Recht hatte er.

Es lohnt sich, ein Heiliger zu werden.

Ich kann ja trotzdem heiraten und muss nicht nur Kakao trinken und auf Schinkenwurst verzichten.

Meine Welt war wieder in Ordnung gekommen. Erhobenen Hauptes lief ich ins Pfarrhaus und keiner empfing mich beim Herauskommen je wieder mit Spott.

Zions Töchter

»Du bist ein ganz böser Junge. Zu dir kommt das Christkind in diesem Jahr bestimmt *nicht!*«

Diese Drohung aus dem Mund meiner Mutter galt mir, einem Jungen von sechs Jahren.

Was hatte ich verbrochen, dass meine Mutter – eine sonst so gütige Frau – mir eine solche Strafe ankündigte?

Ich weiß es noch genau. Ich war zum wiederholten Male mit meinem Schlitten die Dorfstraße hinuntergerodelt, was wir Kinder nicht durften. Erstens glätteten wir mit unseren Schlittenkufen die Fahrbahn, so dass die Leute ausrutschten und hinstürzten, zweitens könnten wir einen Unfall verursachen, meinte der Schutzmann.

Nein, bitte stell dir den Straßenverkehr nicht in seinen heutigen Dimensionen vor. In unserem Ort Heidersdorf gab es ein einziges Auto, das vom »Butterbellmann«, unserem Milchhändler; der fuhr täglich höchstens einmal dorfab und wieder hinauf. Ansonsten wurde die Straße von Pferdefuhrwerken benutzt. In jeder Stunde kam etwa eins vorbei, in Ausnahmefällen auch mal zwei. Also, wo sollte da die Gefahr liegen?

Nun, die gab es in gewisser Weise schon. So war es mehrfach passiert, dass entgegenkommende Pferde vor den Schlitten »scheuten« oder gar »durchgingen«, ihr Fuhrwerk über den Straßengraben rissen und samt Kutscher und Fracht in den

Schnee kippten. Schließlich kamen wir auf unseren meist selbst gebauten ›Käsehitschen‹ mit *Tempo* und *Geschrei* die Dorfstraße herunter.

»Bahne frei! Kartoffelbrei!!«

Die Fußgänger flohen an den Straßenrand und schimpften hinter uns her. Keiner freute sich an unserem Vergnügen.

Die Dorfstraße war als Rodelbahn verboten. Aber es gab in der ganzen Umgebung keine bessere Bahn als diese Straße.

Wenn wir das Dorf bis zum Ende (oder Anfang) hinaufliefen, konnten wir vier Kilometer abwärts rodeln. *Wo* gibt's das schon!

Aber dafür haben Erwachsene kein Verständnis.

Nun hatte ich also die Bescherung. Nein, im Gegenteil: Es würde für mich *keine* Bescherung geben. Das Christkind würde an mir vorbeigehen.

Das war schlimm – sehr schlimm. Es war geradezu zum Heulen. Dann brauchte es auch gar kein Weihnachten zu geben. Was sollte ein Weihnachten ohne Christkind – und damit ohne alle Geschenke – für einen Sinn haben?

Ein kleiner Hoffnungsschimmer blieb meine immer brave Schwester. Zu *der* würde das Christkind auf jeden Fall kommen, und wenn es dann einmal im Hause wäre, fiele für mich vielleicht *doch* etwas ab?

Meine ›strenge Oma‹ (im Unterschied zu unserer ›gütigen Oma‹; sie besuchten uns abwechselnd) riss diesen winzigen Hoffnungskeim samt der Wurzel aus meiner geschundenen Seele.

»Schlag dir das aus dem Kopf. Ja, das Christkind wird zu deiner Schwester kommen; aber an *dir* wird es wortlos und unsichtbar vorbeigehen.«

Aus der Traum vom fröhlichen Weihnachten.

Voller Reue und Buße hockte ich vor unserem Haus auf meinem Schlitten, während die anderen Kinder fröhlich die Dorfstraße hinunterrodelten.

»Bahne frei! Kartoffelbrei!«

Da fuhren sie – Heinz, Roland, Siegfried, Hanna, Irene und Julia.

Julia war die Tochter eines Lehrers. Mein Vater hatte den gleichen Beruf und legte als Schulleiter besonderen Wert auf die Vorbildwirkung seiner Kinder. Julia hieß mit Nachnamen ›Ziemann‹.

Ich fuhr gern mit ihr Schlitten; am liebsten lud ich sie auf meinen und hängte *ihren* Schlitten einfach hinten an.

Als echter ritterlicher Kavalier ließ ich sie vor mir sitzen und übernahm hinter ihr den schwierigen Part des Lenkens. Ihre beiden langen, blonden Zöpfe flogen mir um die Ohren und das fand ich herrlich.

Heute fuhr sie ohne mich! Ich litt.

Vielleicht sollte ich ihr sagen, dass das Christkind an allen vorbeiläuft, die verbotenerweise auf der Straße rodeln.

Ach was. Ich würde schweigen und hätte am Heiligen Abend wenigstens *den* Trost, dass auch Julia ohne Geschenke und Freude blieb.

Es war der vierte Advent. Meine Eltern gingen wie jeden Sonntag mit mir und meiner Schwester zum Gottesdienst. Mir war schon alles egal. In den Jahren zuvor hatte ich mich an den vier Kerzen auf dem Adventskranz gefreut, die das nahe Weihnachten anzeigten. Heute hätte der ganze Kranz in Flammen stehen können, es wäre mir noch nicht einmal aufgefallen. Es war doch sowieso alles sinnlos. Das Christkind würde an mir vorbeigehen.

Das erste Lied wurde gesungen. Da ich noch nicht lesen konnte, blätterte ich in dem von meiner Mutter extra mitgebrachten Bilderbuch.

Doch mit einem Mal horchte ich auf. Das konnte doch nicht wahr sein. Was sangen die? »Tochter Ziemann, freue dich! Jauchze laut ...« Und gleich noch einmal: »Tochter Ziemann, freue dich!« Außerdem verstand ich die Worte: »... kommt zu dir!« Völlig klar. Das Christkind kommt zu Ziemanns Tochter und damit konnte nur Julia gemeint sein, denn Ziemanns hatten nur diese eine Tochter.

Julia darf sich freuen?

Ausgerechnet die, die nie in die Kirche kommt und die wie ich auf der Straße rodelt? Wo gibt's denn so was?

Die betet noch nicht mal ein Abendgebet, hat das Vaterunser nicht gelernt und bedankt sich bei Gott für keine Mahlzeit.

Das ist entweder eine himmelschreiende Ungerechtigkeit, oder ... meine Mutter hat sich geirrt und das Christkind kommt sowohl zu Julia als auch zu mir.

Ja, so und nicht anders musste es sein.

Vor Aufregung baumelten meine Beine so ausdauernd hin und her, dass ich von meiner Schwester einen Rippenstoß bekam. Doch der konnte mir meine wieder gefundene Freude nicht rauben. Ich war ganz einfach *glücklich*.

Der Rest des Gottesdienstes mag lang gewesen sein. Mich bekümmerte das nicht. Kaum hatten wir die Kirche verlassen, sang ich laut: »Tochter Ziemann, freue dich. Tochter Ziemann, freue dich. Tochter Ziemann, freue dich.«

Zunächst wurde ich von keinem beachtet.

Als ich jedoch in unserer Wohnung durch alle Zimmer tanzend mein Lied fortsetzte, fragte mich meine Mutter:

»Was singst du denn eigentlich?«

»Na, das Lied von Julia.«

»Von Julia?«

»Ja. Ihr habt es doch selber gesungen: ›Tochter Ziemann, freue dich.‹ Und wenn *Julia* sich auf Weihnachten freuen darf, dann darf *ich* es *auch*. Bestimmt hast du dich geirrt, Mutti. Das Christkind kommt zu mir, *ganz gewiss!*«

Heute begreife ich, warum meine Mutter erst einmal lächelte und dann nachdenken musste, ehe sie mir antwortete. Das missverstandene ›Tochter Zion‹ klärte sie nicht auf.

Aber sie nahm mich beim Kopf und sagte: »Es freut mich, dass du im Gottesdienst so aufmerksam zugehört hast. Ja, das Christkind kommt *doch* zu dir, obwohl es dich auf der Straße hat rodeln sehen.«

21

»Es hat bestimmt gerade mal weggeguckt.«

»Nein. Das hat es nicht. Es wird jedes Mal traurig, wenn es erlebt, dass wir böse sind – aber es *straft* uns nicht dafür.«

»Prima Mutti, das kannst *du auch* so machen. Und nun freue ich mich richtig toll auf morgen.«

Etliche Jahre vergingen, ehe ich begriff, *wer* denn das Christkind eigentlich ist, *warum* es zu mir kommt, und *was* es mir bringt.

Meine kindliche Phantasie sah – angeregt durch viele kitschige Weihnachtsbilder – das Christkind als ein Mädchen wie Julia, nur entsprechend größer, das in ein knöchellanges weißes Nachthemd gekleidet war. Es kam vom Himmel geflogen, guckte in alle Fenster, konnte aber auch durch die Wand ins Zimmer treten. Dabei war es selbstverständlich unsichtbar und besaß die Fähigkeit, auch meine Gedanken zu kennen, was mich zeitweise arg beunruhigte.

Ich verglich das, was ich vom Christkind wusste, mit dem, was ich von Jesus gelernt hatte, und ich fand heraus, dass die beiden nahe verwandt sein mussten. Sicher war das Christkind Jesu Schwester?

Nachdem mir diese Erkenntnis gekommen war, meldete ich mich im nächsten Kindergottesdienst zu Wort und verkündete meine Weisheit:

»Jesus hat eine Schwester, die heißt Christkind.«

Die Mädchen und Jungen, die um mich herumsaßen, lachten mich aus. »Quatsch, Jesus hatte gar keine Schwester. Du bist ja doof.«

Unser guter Pfarrer Schulze klärte uns auf:

»Gerhard hat Recht. Jesus hatte eine Schwester, wahrscheinlich sogar mehrere. Aber keine von ihnen ist das Christkind. Das Christkind ist Jesus und Jesus ist Gott selbst.

Er kam in der Heiligen Nacht als *Kind* zur Erde, darum malen ihn die Künstler als das ›Christuskind‹.«

Er sang mit uns das Lied:

> »Alle Jahre wieder kommt das Christuskind
> auf die Erde nieder, wo wir Menschen sind.
> Kehrt mit seinem Segen ein in jedes Haus,
> geht auf allen Wegen mit uns ein und aus.
> Ist auch mir zur Seite, still und unerkannt,
> dass es treu mich leite an der lieben Hand.«

In meiner Seele ging ein Licht auf: Das Christuskind ist Jesus, zu dem ich Abend für Abend mein Gebet sprach! Es kam zu meiner braven Schwester; es kam aber auch zu Julia und zu mir. Es war ja auch zu dem Geizkragen Zachäus gekommen. Mein Straßenrodeln hatte seine Liebe nicht kaputtmachen können. Es liebte mich trotzdem. Es liebte auch Julia, obwohl die nicht betete.

Damals war es mir wichtig, dass Jesus mich nicht auslie, weil ich doch auf seine *Gaben* hoffte – auf das Schaukelpferd und das Bataillon Zinnsoldaten. Inzwischen bin ich anspruchsvoller.

Heil und Leben lasse ich mir von ihm schenken.

Ein oder zwei Jahre später sangen wir im Kindergottesdienst aus dem Weihnachtslied »Ihr Kinderlein kommet«:

»O betet: Du liebes, du göttliches Kind,
was leidest du alles für unsere Sünd!
Ach hier in der Krippe schon Armut und Not,
am Kreuze dort gar noch den bitteren Tod.«

Wieder ging meiner Seele ein Licht auf.

Plötzlich wusste ich, warum das Christuskind über mein verbotenes Straßenrodeln und alle anderen Untaten zwar *traurig* war, mich aber *nicht bestrafte*.

Es hatte alle meine Dummheiten sich *selber* aufgeladen und dafür die schrecklichste Strafe erduldet, die es überhaupt geben kann: unschuldig ans Kreuz genagelt zu sterben.

Mich gruselte bei dem Gedanken: für einmal Straßenrodeln; für die Lüge, nicht gewusst zu haben, wer die Fensterscheibe einschlug, nämlich ich selbst; für die beim Nachbarn geklauten Kirschen, Äpfel und Birnen gekreuzigt zu werden! Doch auch das hielt mich nicht davon ab, trotz des Verbots weiter die Dorfstraße hinunterzurodeln!

Wieder wurde es Weihnachten und wir sangen die bekannten Lieder, auch das von Ziemanns Tochter.

Inzwischen konnte ich lesen. Aber da stand ja gar nichts von Zie*mann*, sondern von Zi*on*. Wer war denn das nun wieder? Mein Vater erklärte es mir:

24

»›Tochter Zion‹ nennt Gott sein Volk, alle Kinder, Enkel und Ururenkel Abrahams und alle, die Jesus lieb haben.«

Ich begriff. Die ›*Tochter* Zion‹ kann also Julia, aber ebenso gut Jutta, Hanna oder Eva heißen. Aber wie ist das mit den Männern?

Mein Vater: »Die gehören auch zu den ›Töchtern Zions‹.«

Ich nahm es gelassen, dass Josef, Petrus, ich und meine Freunde Gottfried und Roland ungefragt zu den ›Töchtern‹ gezählt wurden.

(Paulus revanchierte sich später – nannte nur die Brüder, meinte aber auch die Schwestern!)

Und zum dritten Male ging mir ein Licht auf:

Vor Gott gibt es keinen Unterschied. Er praktiziert von Anfang an Gleichberechtigung. Er, *der* Gott, *der* uns wie eine Mutter tröstet, liebt alle seine Töchter, auch wenn sie Söhne sind. Darum:

»Jauchze, du Tochter Zion! Frohlocke, Israel!
Freue dich und sei fröhlich von ganzem Herzen!
Denn der Herr, dein Gott, ist bei dir,
ein starker Heiland.
Er wird sich über dich freuen
und dir freundlich sein,
er wird dir vergeben in seiner Liebe und
wird über dich mit Jauchzen fröhlich sein.«
(Zefanja 3,14+17)

25

Die Bruchlandung

Es war Hochsommer. Meine Eltern verreisten zu einer Kur. Die Großmutter zog zu uns und versorgte meine Schwester und mich. Wir hatten es sehr gut bei ihr und liebten sie über alle Maßen.

Mein Freund hieß Gottfried. Sein Vater arbeitete bei uns als Hausmeister und wohnte nebenan im Pfarrhaus.

Wir gingen beide noch nicht zur Schule.

Einer unserer beliebtesten Spielplätze war der riesige Schuldachboden. Seine Schätze waren unerschöpflich. Da stand ein immer blühender Zuckertütenbaum. Das war ein künstlicher, mit rosa Papierblüten geschmückter Baum. Zur Schulanmeldung zeigte man ihn den ABC-Schützen. Am ersten Schultag durfte dann die 8. Klasse auf den Dachboden gehen und laut trampeln, um den Kleinen unten im Schulraum vorzugaukeln, dass jetzt die Zuckertüten geschüttelt wurden. Danach brachten die Achtklässler die Tüten, die an diesem Tag süße »Früchte« enthielten, in das Klassenzimmer und verteilten sie.

Was im Lehrmittelzimmer nicht mehr gebraucht wurde, fand sich auch unter dem Dach. Mein Vater konnte nichts wegwerfen.

Vor ein paar Wochen waren da oben zwei große, zugenagelte Kisten abgestellt worden, deren Inhalt ich nicht kannte. Der Tag schien wie dafür geschaffen zu sein, das Geheimnis zu lüften.

Ich zeigte die Kisten meinem Freund; der war Feuer und Flamme für meinen Plan und brachte aus der Werkstatt seines Vaters das benötigte Werkzeug mit – einen Hammer, ein Stemmeisen und eine Zange.

Es verging eine gute Stunde, bis wir die erste Kiste endlich geöffnet hatten. Der Kistendeckel war unserer Aktion allerdings zum Opfer gefallen. Aber das bekümmerte uns nicht – noch nicht. Was wir in der Kiste entdeckten, enttäuschte uns gewaltig. Porzellan kam zum Vorschein.

Dir verrate ich im Voraus, welche Bewandtnis es mit dem Porzellan hatte. Die noch sehr junge Tante meines Freundes wollte in absehbarer Zeit heiraten. Da ihr Bruder Schulhausmeister war, gab sie ihm die beiden Kisten in Verwahrung, in dem guten Glauben, dass ihre Porzellan-Aussteuer bei ihm sicher sei. Es handelte sich um gutes Geschirr, auch wenn es kein ›Meißner‹ war.

Wir öffneten die zweite Kiste in der Hoffnung, darin etwas Brauchbareres zu finden als Porzellan, vielleicht Indianerfedern und Tomahawks.

Pustekuchen! Auch die zweite Kiste enthielt ein langweiliges Kaffee- und Speiseservice.

Ein kluges Kind lässt sich nicht so schnell entmutigen. Wir waren *sehr* klug! Wir machten das Beste draus. Wir teilten uns die Sammlung. Du einen Teller, ich einen Teller. Du einen Teller, ich einen Teller. *Klirr!* Einer ging in Scherben. Aber wenn so viele davon vorhanden sind, ist das ja kein Problem. Er blieb nicht allein. Ihm folgten noch einige Tassen. Die Kanne, das Sahnekännchen und die Zuckerdose ließen sich ohnehin nicht teilen. Also mussten sie gleich daran glauben. Der Scherbenberg wuchs. Noch nie hat es wohl einen so herrlichen Polterabend gegeben wie wir ihn auf dem Schulboden veranstalteten.

Beim Auspacken der zweiten Kiste merkten wir, dass Kannen, Kännchen und Dosen doppelt vorhanden waren. Zu spät. Also gingen auch sie den Weg alles Irdischen.

Ich versichere dir, es war ein herrliches Spiel. Unsere Wangen glühten vor Eifer.

Mitten hinein in unser Glück platzte meine Schwester. Sie kam, sah und schrie! Ihr Schrei zerfetzte in mir augenblicklich meine bis dahin ungetrübte Entdeckerfreude. Unsere gerechte Aufteilung des gefundenen Schatzes unter zwei Freunden schien sie gründlich misszuverstehen.

Meine Schwester schrie so laut und anhaltend, dass es sowohl der Hausmeister als auch meine Oma hörten. Gottfrieds Vater kam zuerst auf den Boden.

Er sah das Unglück, packte meinen entsetzten Freund, legte ihn sich maßgerecht übers Knie und schlug zu. Das arme, am Hosenboden grausam misshandelte Kind brüllte lauter als meine Schwester geschrien hatte.

Ich stand vor Angst schlotternd dahinter. Was würde aus *mir* werden?

Mein Vater besaß einen Rohrstock. Ich wusste

28

aus Erfahrung, dass er mehr schmerzte als die flache Hand. Würde meine Oma dieses Marterwerkzeug zu Hilfe holen?

Der Freundesvater wütete noch immer auf dem zarten Jungenpopo und es war kein Ende abzusehen. Da trat meine Oma auf den Plan. Im selben Augenblick war mein Freund von seinen Qualen erlöst. Der Vater ließ von ihm ab.

Die beiden ›Erziehungsberechtigten‹ traten an den Scherbenberg wie an ein Grab. Ihre Gesichter zeigten Fassungslosigkeit, Ohnmacht und Schmerz.

Gottfried heulte. Ich wartete ab, gespannt, welche Strafe mir blühte.

Meine Oma trat auf mich zu, fasste mir unter das Kinn, so dass ich ihr in die Augen sehen musste – was ich gar nicht so gern wollte –, und sagte: »Ich strafe dich nicht. Dich straft der liebe Gott.«

Ach du gütige Oma! Der liebe Gott hatte ja keine Hände und erst recht keinen Rohrstock. Welches Glück! Ich kam also ohne Strafe davon. Mein Herz jubelte.

Meine Oma nahm mich mit nach unten, drückte mir den Kartoffelschaleneimer in die Hand und schickte mich zu den Nachbarsleuten, die unsere Abfälle für ihre Schweine verwerteten.

Ich nahm ihr den Eimer ab und in meiner Freude über das ungeahnte Glück breitete ich vor der Schulhaustür beide Arme aus. An der einen Hand schwenkte ich den Futtereimer, ließ mit einem deutlich vernehmbaren Lippengeräusch den Flugzeugmotor an, startete, gewann an Tempo über dem Schulhof, fühlte mich vogelgleich frei in den Lüften, und stürzte ab in den scharfkantigen Kies.

Ich kann dir verraten, dass ich diese Bruchlandung sehr viel schmerzhafter empfand als zwanzig Stockhiebe auf einen Schlag, die Nachwehen erst gar nicht gerechnet.

Die Narbe unterhalb meines Knies ist noch heute sichtbar. Das Blut lief, nein, es strömte mein Bein hinunter. Ich brüllte und rannte ins Haus, zu Oma in die Küche.

»Ich bin hingefallen!«

Meine Oma rührte unbeteiligt weiter im Suppentopf.

»Ich bin hingefallen!!!«, rief ich noch lauter.

»Ich hab's gehört. Gott hat dich gestraft. Geh zu ihm. Meine Sache ist das nicht.«

Denke nicht, meine Oma hätte zu uns von Gott wie von einem Verkehrspolizisten gesprochen, der mit einer Radarfalle hinter dem Busch hockt, um jeden Sünder auf frischer Tat zu ertappen und ihm im himmlischen Flensburg Strafpunkte zu verpassen.

Oh, nein. Dazu kannte sie Gott viel zu gut als den barmherzigen und gnadenreichen Gott.

Aber dass er aus Liebe züchtigt, *das* haben wir Enkel bei ihr gelernt.

Später hat mir ein frommer Schmied erklärt:

30

»Wenn ich ein Stück Eisen formen will, dann muss ich es im Feuer erhitzen und mit kräftigen Hammerschlägen bearbeiten. Feuer und Hammerschläge geben dem Eisen die richtige Form.«

Wenn Gott uns ein wenig ins Feuer legt (oder auf den Kies), dann will er uns nicht vernichten, sondern zurichten für das Himmelreich.

An dieser Lektion kaue ich immer wieder neu.

Doch ich will dir von meinem blutenden Knie und meiner tief betrübten Seele zu Ende erzählen.

Heulend über so viel Elend und Ungerechtigkeit setzte ich mich ins Treppenhaus.

Nach einer Weile kam meine Schwester mit alten, sauberen Lappen und verband mir meine Wunde. Das tröstete mich sehr. Erst viel später erfuhr ich, dass meine Oma sie geschickt hatte.

Prügel statt Erdbeeren

Es begab sich wiederum im Sommer, im Hochsommer, in einem wirklich heißen Hochsommer obendrein. Ich ging noch nicht zur Schule. Weil es so heiß war, trug ich nur ein Badehöschen.

Mein Herz freute sich seit den frühen Morgenstunden auf das Mittagessen: Eingezuckerte Erdbeeren mit Milch und Zwieback. Schon der Gedanke daran brachte meine Seele in Hochstimmung, die es auszuleben galt. Ich musste etwas tun, etwas ganz Besonderes, Einmaliges, Sensationelles. Ich brauchte gar nicht lange zu überlegen. Die Gelegenheit kam von selbst.

Meine Mutter rief mich. »Gerhard. – Geerhard. – Geeeerhard!«

Gerhard hörte den Ruf, aber er kam nicht. Dafür kam ihm eine Idee. Er – also ich – verbarg sich hinter der weit offen stehenden Schulhaustür, die so günstig an der Seitenwand anschlug, dass sich dahinter ein herrliches Versteck ergab.

Dort hockte ich und harrte der Dinge, die nun folgen würden. Zunächst bemühte sich meine Mutter nach unten. Da alles Rufen vergebens gewesen war, musste sie wohl oder übel nachsehen, wo der liebe Gerhard blieb. Ich hörte sie die Treppe herunterkommen. Sie lief an mir vorbei über den Schulhof und von da aus in unseren Garten.

Ich hörte ihr Rufen und freute mich, dass ihr so

viel an mir lag. Ich genoss in meinem Versteck dieses glückliche Gefühl, wichtig zu sein.

Eine Nachbarin kam. Meine Mutter sprach sie an: »Haben Sie unseren Gerhard gesehen?«

Nein, sie hatte nicht.

Inzwischen war mein Vater aufmerksam geworden. Ich hörte ihn aus seinem Zimmer kommen. Auch er schritt an mir vorbei ins Freie. »Er kann doch gar nicht so weit fort sein. Ich habe ihn vorhin noch gesehen.«

Jetzt rief mein Vater. Das klang schon ein wenig bedrohlich. »Geerhard! – Geeerharrrd!«

Aber auch diese ausdrücklich betonten Rufe brachten mich nicht auf den Gedanken, es könne an der Zeit sein, mich zu melden. Ich genoss mein Glück hinter der Tür.

Mein Vater hielt auf der Straße jeden an, der vorüberkam.

»Haben Sie unseren Jungen gesehen?«

Keiner hatte ihn gesehen.

Hinter der Tür lauschend hörte ich, wie meine Eltern einen Schlachtplan entwickelten. Meine Mutter sollte in Richtung Niederdorf gehen, mein Vater ins Oberdorf.

Ich wartete gespannt auf das Ergebnis. Was würden sie unternehmen, wenn sie mich nirgendwo fänden?

Sie kamen zurück, enttäuscht und ratlos.

Dabei war ich so nahe. Kam denn keiner auf den klugen Gedanken, hinter diese Tür zu sehen?

33

Mein Herz jubelte. Ich hatte das Versteck gut gewählt.

Ein Bauer fuhr mit dem Ochsengespann den Jauchewagen auf sein Feld. Mein Vater stellte sich ihm in den Weg.

»Unser Junge ist weg – spurlos verschwunden!«

»Sie suchen Ihren Jungen? Als ich vorhin vom Feld kam, spielten zwei Kinder am Froschteich. Vielleicht war er dabei.«

Als mein Vater *das* hörte, war es um seine Fassung geschehen. Er wusste plötzlich, dass sein Sohn ertrunken war.

»Schnell, schnell. Trommelt Leute zusammen. Wir müssen sofort mit Stangen zum Teich!«

Jetzt bedauerte ich es sehr, hinter der Tür hocken zu müssen. Draußen wurde es abenteuerlich. Ach, warum gab es die Tarnkappe des Pippifax nur in den schönen Geschichten, die mir mein Vater erzählte?

Stille umgab mich. Meine Eltern waren mit Brettern, Stangen, Stricken und vielen aufgeregten Menschen zum Froschteich gezogen. Nur ich fehlte! So ein Pech.

Wie ein Telegramm eilte die Nachricht durch den Ort: »Im Froschteich stochern 'se nach'n Schulmeester sein Gung.« Jetzt wurde ich auch noch berühmt!

Mit der Zeit kam die Langeweile. Ich entschloss mich, den Nächsten, der durch die Tür trat, zu erschrecken. Da kam auch schon einer. »Hui!« Wie der Blitz schoss ich hinter der Tür hervor. Es war der Briefträger. *Der* war erschrocken! Ich konnte stolz sein. Heute klappte aber auch alles.

Doch der Briefträger war anderer Meinung.

»Saukerl daamschtr. Dei Mutter greint sich de Aang aus'n Kopp, un du alberscht hier rum?«

Er drehte sich auf dem Absatz um und eilte nach draußen. Ich hörte, wie er einem Jungen mit Fahrrad den Auftrag gab: »Fahr glei zum Froschteich und sach'n Schulmeester, sei Gung wär da.«

Ich konnte nur noch abwarten. Die Freude floss aus meiner Seele wie das Wasser aus dem Waschzuber, wenn meine Mutter den Stöpsel herauszog. Wie glücklich war ich gewesen. Und jetzt? Müssen die Erwachsenen den Kindern denn immer alles Glück zerstören?

Mein Vater eilte mit Riesenschritten auf die Schule zu. Ich sah ihn von weitem, wagte es aber nicht, ihm entgegenzugehen. Freude über mein gesundes Vorhandensein konnte ich auf seinem Gesicht nicht entdecken.

»Wo hast du gesteckt, Lausejunge?«

»Hinter der Haustür«, antwortete ich ihm mit kläglicher Stimme. »So, hinter der Haustür. Hinter der Haustür! Und wir suchen dich im Teich und denken, du bist ertrunken! Dir werde ich es zeigen!«

Und dann hat er es mir gezeigt. Er packte mich am Arm und ich schwebte in den kühlen Hausflur.

Dort ließ er mir noch nicht einmal meine Badehose. Völlig nackt war ich dem außer sich geratenen Vater ausgeliefert.

Mein Vater besaß nicht die Kraft eines Riesen. Aber wo er im Zorn hinschlug, schmerzte es dennoch fürchterlich. Und was das Schlimmste war – er fand kein Ende!

Da bedurfte es erst des Eingreifens meiner Mutter. Die war überglücklich, dass sie mich nicht tot aus dem Teich fischen mussten. Sie wollte mich lieber umarmen als verhauen. Aber ehe sie *das* durfte, musste sie den rasenden Vater beruhigen, der bei außergewöhnlichen Vorkommnissen ungewöhnlich heftig reagieren konnte. Ich habe das von ihm geerbt und darum auch volles Verständnis.

Mein Vater ließ von mir ab. Ich brüllte. Meine Mutter bedeckte meine Blöße mit meiner Badehose und führte mich nach oben ins Schlafzimmer, deckte mein Bett auf und bedeutete mir mit ihrem Finger, dass ich den langen Rest dieses Tages *hier* zubringen müsse.

Aus war es mit den eingezuckerten Erdbeeren mit Milch und Zwieback. Meine Hochstimmung war umgeschlagen in das tiefste Tief. Wie war die Welt doch grausam!

Sie wurde jedoch am nächsten Tag wieder freundlicher, als mir meine Mutter schon zum Frühstück Erdbeeren mit Milch und Zwieback servierte.

Nur echte Engel sind schwindelfrei

Mein Vater ließ am Heiligen Abend meine Schwester, die vier Jahre älter ist als ich, Solo singen: »Vom Himmel hoch, da komm ich her«.

Ich beneidete sie glühend um diese Auszeichnung.

Man bedenke: Am Heiligen Abend ist die Kirche bis auf den letzten Platz gefüllt; außerdem ist sie festlich geschmückt wie an keinem anderen Feiertag; ungezählte Kerzen verbreiten ein warmes Licht, die Leute sind voller Erwartung.

An *diesem* Tag durfte meine Schwester Solo singen!

Sie trat an den Rand der Orgelempore, mein Vater spielte ein paar Töne vor, und dann sang sie, ganz allein, sang so schön, dass manchen Leuten die Tränen kamen. Gewiss glaubten sie, dass meine Schwester soeben vom Himmel eingeflogen sei.

Mein Herz brannte vor Neid und vor Eifer.

Einmal *auch* Solo singen dürfen, zu Weihnachten, wenn es viele hören würden – das wäre der Himmel auf Erden!

Ich musste ein paar Jahre warten. Aber dann war es so weit.

»Gerhard, in diesem Jahr singst *du* ›Vom Himmel hoch, da komm ich her‹«, sagte mein Vater zu mir.

Das war bestimmt die beste Idee, die mein Vater

je gehabt hatte. Wochenlang badete ich in meinem Glück und sonnte mich in dem zu erwartenden Erfolg.

Ich lernte die von mir geforderten Liedstrophen auswendig. Ach was, ich hatte sie längst im Kopf; schließlich war meine Schwester diese Verse laut rezitierend jahrelang neben mir im Bett eingeschlafen und auch wieder aufgewacht.

Wenn ein siebenjähriger Junge am 1. Dezember erfährt, dass er am 24. Dezember in der Kirche Solo singen darf, dann dauern die Tage bis dahin eine Ewigkeit.

Ich half nach. Ich öffnete an meinem Adventskalender gleich vier Fenster auf einmal.

Doch meine Mutter machte alle Hoffnungen, die ich mit dieser Aktion verband, schlagartig zunichte.

»Wenn du deinen Kalender vorlaufen lässt, dann musst du eben *allein* Weihnachten feiern. *Wir* feiern es, wenn es dran ist.«

Ich sollte *allein* Weihnachten feiern? Was würde das für einen Sinn haben? Ich brauchte doch die vielen Menschen in der Kirche, die mich sehen und meinen Gesang hören sollten.

Mein Freund Gottfried war technisch und physikalisch begabter als ich. Er dachte eine Weile über mein Problem nach, dann belehrte er mich (ich zitiere ihn wörtlich): »Um ein paar Tage besch... Adventskalender ändert keine Zeit. Du musst die *Uhren* der ganzen Welt vordrehen, dann klappt das.«

Ich grübelte Tage und träumte Nächte über diesem Problem. Aber ich fand keine Lösung.

In *einer* einzigen Nacht müsste ich alle Uhren verstellen, wenn schon nicht in der ganzen Welt – denn die schien sehr groß zu sein –, so doch wenigstens in unserem Dorf. Wie sollte ich aber unbemerkt aus unserem Haus und in die vielen Häuser unseres Ortes kommen, in ihnen alle Uhren finden und vordrehen?

Über diesen schweren Gedanken vergingen etliche Tage und das war doch immerhin auch schon ein Erfolg.

Die restliche Zeit wollte ich damit zubringen, den Gesang zu üben. In meinem Bilderbuch war ein singender Engel gemalt, der sang mit weit geöffnetem, kreisrundem Mund.

Ich probierte das vor dem Spiegel.

Ja, das sah gut aus, echt himmlisch.

Jedoch, wie kann einer mit solcher Mundöffnung vernünftig singen?

Das O gelang vorzüglich, das I dagegen gar nicht, es sei denn, man verwandelte es in ein Ü. Ich sang: »Vooom Hüümöl hoch, do koom üch hör«. Das klang vielleicht ein bisschen ungewohnt, dafür aber engelisch. Ich würde mit meinem Gesang meine Schwester weit überbieten. Die Leute würden sagen: »So schön wie der Gerhard hat noch keiner je gesungen.«

Sie würden gewiss so begeistert sein, dass sie mir in ihrer Freude zum Dank am nächsten Tag Geschenke ins Haus brächten.

39

Ich besorgte mir schon mal leere Kartons, um alles hinter und neben meinem Bett unterzubringen.

Eines Tages hörte mein Vater mich proben.

»Was machst du denn hier für Unsinn? Kannst du nicht richtig singen, wie sich das gehört? Lass den Quatsch, sonst singst du überhaupt nicht.«

Mir kamen die Tränen. Verstand mein Vater so wenig von himmlischem Gesang? Der Engel in meinem Bilderbuch zeigte es doch eindeutig, *wie* gesungen werden musste. Ich war bitter enttäuscht.

Wenn ich schon nicht *singen* durfte wie ein Engel, so wollte ich wenigstens *gucken* wie ein Engel. Engel mussten einen erschrecklichen Blick haben, denn alle, die je einen Engel sahen, erschraken: Maria in ihrer Stube, die Hirten auf dem Feld und die Frauen am Grab.

Wieder stellte ich mich vor den Spiegel und übte den strengen Engelblick: Dabei ertappte mich meine Schwester. Sie sah mich fragend an. Ich klärte sie auf: »Ich übe den Engelblick.«

Das einzige Wort, das sie mir gönnte, hieß: Blödmann!

Blödmann hat sie mich genannt, die eigene, leibliche Schwester. Der Vater verstand nichts vom himmlischen Gesang, die Schwester nichts vom himmlischen Blick. In welch einer armseligen Familie lebte ich eigentlich?

40

Es blieb mir nichts anderes übrig, als tatenlos auf den 24. Dezember zu warten.

Welche Freude war es, als mein Vater am 23. Dezember mit mir schon mal in die Kirche ging und den Auftritt probte. Ich stand neben ihm an der Orgel und sang zu seiner Zufriedenheit. Dafür opferte ich den kreisrunden Engelmund und auch den Furcht einflößenden Engelblick.

»Morgen Abend stellst du dich zum Singen aber vorn an die Orgelbrüstung.«

Das war mir klar. Auf *diesen* Platz war ich ja schon lange scharf, denn nur dort konnte ich so richtig gesehen werden. Ich rückte mir das Holzpodest, das mein Vater immer dann benutzte, wenn er den Chor dirigierte, an die bewusste Stelle. Es würde auch mich um mindestens dreißig Zentimeter größer machen.

24. Dezember, 18 Uhr: Die Christvesper begann.

Orgelspiel meines Vaters – viel zu lang.

Gruß des Pfarrers – zum Gähnen.

Gemeindelied – zu viele Strophen.

Gebet und Bibeltexte – unverständlich.

Predigt – überflüssig.

Aber jetzt! Jetzt! Endlich! Jetzt war *ICH* dran!

Mein Vater gab mir das Zeichen.

Ich erklomm das Podest – vorläufig noch nach rückwärts zu meinem Vater gewandt –, wartete sein kurzes Orgelvorspiel ab, drehte mich nach vorn, stellte mich in Positur und erbleichte.

Normalerweise reichte mir die Orgelbrüstung fast bis in Brusthöhe. Da fühlte ich mich sicher. Auf dem Podest jedoch schien ich freihändig und völlig schutzlos über dem Raum zu stehen.

Lebenslang bin ich kaum über die zweite Sprosse einer Leiter hinausgestiegen, weil mir immer schwindlig wird.

Ich sah hinunter zu den vielen Menschen im Kirchenschiff, die sich nach mir umdrehten, weil sie wissen wollten, wer in diesem Jahr »Vom Himmel hoch« singen würde.

Mir wurde speiübel. Die Tiefe vor mir und unter mir schien unendlich zu sein. Sie zog mich magisch an. Noch heute fühle ich den Schrecken von damals in allen Gliedern und staune darüber, dass ich nicht einfach hinunterfiel.

Mein Vater verlängerte sein Vorspiel. Er wiederholte es einmal, zweimal, dreimal; er spielte mit der einen Hand und gestikulierte mit der anderen Hand – doch aus meiner Kehle kam außer einem Röcheln kein Ton.

Nicht weit von mir entfernt saß auf der Männerempore ein alter Bauer, durch und durch ein ›Arzgebirchler‹. Er fuhr mich an: »Aang huuch!« Ich übersetze es dir ins Hochdeutsche: »Augen hoch! Schau nach oben!«

In meiner Not ergriff ich diesen Strohhalm, sah nach oben zu dem Loch in der Kirchendecke, durch das in grauer Vorzeit einmal ein Glockenseil nach unten gegangen hatte und fühlte mich gleich besser. Der Boden unter mir schwankte nicht mehr. Der Abgrund vor mir schien nicht mehr da zu sein.

Ich sang, gewiss nicht besonders schön, auch nicht mit dem vor dem Spiegel einstudierten strengen Engelblick, dafür aber mit angstvollem Augenaufschlag gen Himmel.

»Vom Himmel hoch, da komm ich her,
ich bring euch gute neue Mär;
der guten Mär bring ich so viel,
davon ich singn und sagen will.

Euch ist ein Kindlein heut geborn,
von einer Jungfrau auserkorn,
ein Kindelein so zart und fein,
das soll eu'r Freud und Wonne sein.

Es ist der Herr Christ, unser Gott,
der will euch führn aus aller Not,
er will eu'r Heiland selber sein,
von allen Sünden machen rein.

Er bringt euch alle Seligkeit,
die Gott der Vater hat bereit',
dass ihr mit uns im Himmelreich
sollt leben nun und ewiglich.«

›Aang huuch!‹

Ich war damals sieben Jahre jung. Jetzt bin ich ein alter Mann. Das Erlebnis von damals habe ich aber nicht vergessen.

Viele Male in all den Jahren hat es mir meine

Seele zugerufen: »Aang huuch!«, weil mir Mut und Hoffnung schwanden; weil mir eine Aufgabe über den Kopf wuchs; weil mich meine Schuld zu Boden riss; weil meine Frau todkrank in der Klinik lag.

»Aang huuch!«

Nein, nicht zu dem Loch in der Kirchendecke; aber zu Gott, meinem Vater, und zu Jesus, meinem Heiland, dem Anfänger und dem Ziel meines Glaubens.

»Aang huuch!«

Starre nicht in die Tiefe, nicht in die Finsternis deiner Not, nicht auf dein Versagen. Richte den Blick deiner Seele auf Gott wie der König David. Er bekennt:

»In meiner Verzweiflung schrie ich zum Herrn, zu ihm, meinem Gott, rief ich um Hilfe.

Mein Hilferuf drang an sein Ohr.

Vom Himmel her

griff seine Hand nach mir

und fasste mich.«

(2. Samuel 22,7+17)

Ach, wie nützlich ist so ein barsches Donnerwort zur rechten Zeit. Der Bauer von damals ahn-te nicht, dass es lebenslang in mir nachklingen wür-de.

Aber wie erstaunt war ich, wenn es in mir mitten in *glücklichsten Tagen* plötzlich *auch* schrie: »Aang huuch!«

Wieso denn das? Es ging mir doch gut.

Ja, gerade deshalb.

Gute Zeiten sind für den Glauben viel gefährlicher als die schlimmen. In guten Zeiten sehen wir nur uns selbst und unser Glück; Gott aber rückt in weite Ferne.

Dabei möchte er an unserer Freude denselben Anteil haben wie an unserer Not. In *beiden* Fällen möchte er *uns selig machen*, unser Leben fest in Händen halten, uns reif machen für die Erde und reif für den Himmel.

Ich wünsche dir, dass dich deine Seele recht oft daran erinnert:

>>Aang huuch!«

Der zertrampelte Himmel

»Papa, kommt der Weihnachtsmann aus dem Wald zu uns, oder kommt er vom Himmel?«

Diese Frage stellte ich als achtjähriger Junge einen Tag nach dem Heiligen Abend meinem Vater. Der ahnte nicht, wie schwer wiegend diese Frage für mich war. Ich musste es ganz genau wissen, um daraus meine Konsequenzen ziehen zu können.

Es hatte sich etwas ereignet, was mein Kinderherz in arge Bedrängnis brachte. Ich erzähle dir zunächst die Vorgeschichte.

Meine Eltern und eigentlich unsere ganze Verwandtschaft waren fromm. Ich lernte als Kind das Beten – nicht nur am Abend vor dem Schlafengehen, sondern auch am Morgen und zu den Mahlzeiten.

>»Ich bin klein; mein Herz mach rein;
>soll niemand drin wohnen als Jesus allein.«

Besonders gern betete ich:

>»Lieber Gott, mach mich fromm,
>dass ich zu dir in den Himmel komm'.«

Mich faszinierte der Himmel.

Ich machte mir keine Gedanken darüber, *wo* der Himmel Gottes zu finden wäre, ob *hinter* den

Sternen, oder *zwischen* den Sternen, oder ganz woanders.

Der Himmel war für mich ganz unkompliziert *der* Platz, an dem es rundum schön ist, ganz einfach deshalb, weil er die Wohnung Gottes ist.

Ich malte mir aus, wie ich im Himmel bedenkenlos in den Keller gehen würde, um für meine Mutti einen Topf Kartoffeln heraufzuholen, denn in einem himmlischen Keller gibt es weder Gespenster noch finstere Nischen.

Im Winter, so dachte ich, könnten die Himmelskinder nach Herzenslust im Schnee herumtollen, ohne dass ihnen hinterher der Frost unter den Nägeln brennt. Spinat würde zum Mittagessen entweder gar nicht erst angeboten, oder er schmeckte so gut wie Schokoladenpudding. Mutti und Vati hätten keinen Grund zum Schimpfen und Kinder müssten sich nicht vor Strafe fürchten, denn sie reizen ihre Eltern nicht zum Zorn.

Der liebe Gott selbst hätte ganz gewiss die Qualität meiner gütigen Großmutter. Wir haben sie nie anders als liebevoll und barmherzig erlebt. Sie zu betrüben, hätte ich schrecklich gefunden. Wenn sie uns besuchte, verzichtete ich freiwillig auf alle Aktionen, die Ärger bereiten könnten, was mir allerdings nur selten glückte (siehe die Geschichte von der Bruchlandung).

Ja, so wie unsere Großmutter, liebevoll und barmherzig, so ungefähr stellte ich mir Gott vor – und *so* ist der ganze Himmel.

In den Himmel zu kommen, war für mich erstre-

47

benswert. Darum betete ich von Herzen gern: »Lieber Gott, mach mich fromm, dass ich zu dir in den Himmel komm'.«

Viele Leute finden es nicht normal, dass sich ein Kind auf den Himmel freut. Warum eigentlich?

Ich freute mich auf die Sommerferien, auf das Baden in der Ostsee, auf die nächste Apfelernte, auf den Schnee, auf Weihnachten, auf die Lakritzstange und – auf den Himmel. Was daran falsch sein soll, das müsste mir erst mal einer beweisen!

Doch nun war Schlimmes geschehen.

Jedes Jahr kam zu uns am Heiligen Abend der Weihnachtsmann. Auf seinem Rücken trug er in einem Kartoffelsack unsere Geschenke und in der linken Hand schwenkte er die Rute. Sein Erscheinen versetzte mich Jahr für Jahr in Unruhe.

Erstens hat ein kleiner Junge (aber vielleicht nicht nur er!) immer Gründe für ein schlechtes Gewissen und zweitens zählte der Weihnachtsmann immer unaufgefordert alle meine Dummheiten der letzten Wochen auf. Mir wurde ganz unheimlich bei dem Gedanken, auch *dort* von ihm beobachtet zu werden, wo ich mich sicher fühlte.

In *dem* Jahr nun, von dem ich dir erzähle, klingelte der Weihnachtsmann an unserer Vorsaaltür Sturm. Wir waren gerade erst aus der Christvesper heimgekommen.

Mein Vater öffnete ihm.

Der bärtige Mann mit der Rute schwankte in den

48

Flur, gab merkwürdige Laute von sich und lallte:

»Hick! – So viel Schnee und so große Kälte, hick! – Da muss ich erst noch einen – hick! – trinken. Prost Arndt! Auf dein Wohl! Hick!« Mein Vater hieß Arndt. Der Weihnachtsmann war also mit ihm ›per du‹.

Er zog aus seiner tiefen Manteltasche eine Flasche und nahm einen kräftigen Schluck.

»Habe sie im Gasthof geschenkt gekriegt – hick! –, weil ich doch ein so frommer Mann bin, und – hick! – für das Christkind die Geschenke zu den Mädchen und Buben bringe – hick! Komm, Arndt – trink du auch einen – hick! –, dann ist Weihnachten noch einmal so – hick! – so – hick! – so schön.«

»Nein, Weihnachtsmann; komm nur erst einmal in unsere gute Stube. Unsere Kinder erwarten dich doch schon sehnlichst.«

Das stimmte nun freilich nur sehr ungenau.

Dass der Weihnachtsmann betrunken war, hatte auch ich längst mitbekommen. Ich *fürchtete* mich vor ihm und wünschte, er würde die Geschenke auspacken und danach ganz schnell wieder verschwinden.

Andererseits hatte ich beim Öffnen der Weihnachtsstube die elektrische Eisenbahn entdeckt, die sich auf dem Fußboden ausbreitete. Die Wagen waren groß genug, um darin auch wirklich etwas zu transportieren: Bauklötze, Zinnsoldaten, Puppen, Teddys, Kisten und Säcke für den Kaufmannsladen.

Mein Herz jubelte voller Erwartung, sie fahren zu sehen.

So in meinen Gefühlen hin- und hergerissen,

49

packte mich der Weihnachtsmann, torkelte mit mir durch die Stube und donnerte mich an: »Hick! – Ein Saujunge – hick! – ein Saujunge bist du – hick! –, ein ganz schlimmer – hick!«

Und dann zählte er alle Vergehen auf, die ihm die Eltern zehn verschiedener Kinder, die er an diesem Abend bescherte, genannt hatten. Alles, aber auch alles kam auf *mein* Konto.

Er schlug seine Rute mehrmals heftig auf unseren Tisch, dass es nur so pfiff und krachte – aber dann kam das Schrecklichste. Noch ehe es meine Eltern verhindern konnten, zertrat er mir mit seinen schweren Stiefeln erst eine, dann die zweite und schließlich die dritte Schiene meiner neuen Eisenbahn.

Meine Mutter schob ihm schnell einen Stuhl hin.

»Setz dich, Weihnachtsmann. Ruh dich aus. Schließlich hast du ja einen weiten Weg hinter dir.«

Gott sei Dank! Er setzte sich.

»Recht hast du – hick! – Vom Himmel bis hierher ist es weit – hick! –, und im Wald ist es kalt – hick! – und finster – hick! – Bin schon ein paar Mal über meine Füße gestolpert – hick! – Weihnachtsmann ist ein schwerer – hick! – ein sehr schwerer – hick! – Beruf.«

Wieder griff er zur Flasche. Er trank sehr umständlich. Mir schien, er schob mit der Flasche sein Kinn vor und kippte sich die Flüssigkeit in den Hemdkragen.

Endlich durfte ich ihm mein gelerntes Sprüchlein aufsagen:

50

>Lieber, guter Weihnachtsmann,
sieh mich nicht so böse an;
stecke deine Rute ein;
ich will immer artig sein.«

Dicke Tränen tropften dabei aus meinen Augen, aber nicht vor Reue und Buße, sondern vor Trauer um meine neue, schon zerstörte Eisenbahn.

Endlich, endlich zog der unheimliche Mann, von meinem Vater gezogen und von meiner Mutter geschoben, unter vielen »Hick!« und »Hick!« wieder ab.

Ich heulte und war durch nichts zu beruhigen.

»Gleich nach Weihnachten fahren wir nach Olbernhau und kaufen dir neue Schienen.«

Das klang gut, tröstete mich aber nicht über meinen augenblicklichen Schmerz.

Nun hatte ich an diesem Weihnachtsabend ja nicht nur die Eisenbahn geschenkt bekommen. Ein Buch, ein Stabilbaukasten, ein Spielemagazin und jede Menge Süßigkeiten lagen für mich unter dem Christbaum. Mich freute an dem Abend aber nichts mehr. Ich wollte nur noch ins Bett.

Zu groß war meine Enttäuschung. Ich musste allein sein, um in Ruhe mit meinen Gedanken klarzukommen.

Es war ja nicht nur meine neue Eisenbahn zu Bruch gegangen, sondern *der Himmel gleich mit* – und das war mindestens genauso schlimm.

Wenn der Weihnachtsmann, der auf der Erde den Kindern die Spielsachen zertrampelte, dort ein- und ausging, dann lohnte sich die Freude auf den Himmel nicht. Es sei denn, der Weihnachtsmann käme gar nicht vom Himmel, sondern aus dem Wald. Ich hatte beides gehört. Manche behaupteten sogar, er wohne bei den Eskimos in einem Iglu.

Ich brauchte Klarheit – um des Himmels willen.

So kam es, dass ich am nächsten Tag meinen Vater fragte: »Papa, kommt der Weihnachtsmann aus dem Wald zu uns, oder kommt er vom Himmel?«

Mein Vater ahnte nicht, was sich hinter dieser Frage verbarg. »Der Weihnachtsmann kommt aus dem Himmel *und* aus dem Wald. Im Himmel bekommt er vom Christkind seine Aufträge; solange er dann auf der Erde zu tun hat, um die vielen Kinder zu besuchen und zu beschenken, wohnt er im Wald.«

Das war das Aus meines Traums vom schönen Himmel.

Wenn dieser Grobian dort verkehrte, dann gab es zwischen Himmel und Erde keinen Unterschied.

Von diesem Tage an betete ich nicht mehr: »... dass ich zu dir in den Himmel komm'.«

Mein Schmerz um diesen Verlust hielt auch dann noch an, als die Eisenbahn längst repariert war.

52

Im Sommer starb mit neun Jahren einer meiner Schulfreunde an Gehirnhautentzündung. Meine Mutter sagte: »Er ist im Himmel.«

»Ach«, dachte ich, »da hätte er auch hier bleiben können. Der Himmel ist doch nichts Besonderes.«

Es wurde wieder Weihnachten – ein Kriegsweihnachten. Auf der Erde war die Hölle los. Irgendetwas davon bekamen auch wir Kinder mit.

Wieder musste ich für den Weihnachtsmann einen Vers lernen.

Wieder bangte ich um meine Eisenbahn, die nun zu jedem Weihnachtsfest aufgebaut wurde.

»Kannst du dem Weihnachtsmann die Geschenke nicht gleich an der Flurtür abnehmen, Papa? Ich komme auch mit raus.«

Mein Vater verneinte, tröstete mich aber mit den Worten: »In diesem Jahr macht der Weihnachtsmann dir ganz gewiss nichts kaputt.«

So sicher war ich mir nicht. Ich wollte den Kerl im Auge behalten und ihm auf die Finger und Füße gucken.

Heiliger Abend. Es klingelte. Der Weihnachtsmann wurde eingelassen.

Ich stellte fest: Er torkelte nicht, rülpste nicht und sagte auch nicht ›Hick!‹. Ich sah ihn mir genau an.

Seine Hände waren echt; aber sein Gesicht nicht. Sein Bart bestand aus einem aufgeklebten Wattebausch, wie ihn mir meine Mutter mit einem dicken Schal auf die Brust band, wenn ich erkältet war. Die Nasenlöcher, die Lippen und die Augenbrauen waren auf eine Maske gemalt. Der ganze Betrug wurde mit zwei Schlüpfergummis an den Ohren befestigt.

Solange der merkwürdige Geselle in unserer Stube stand, wagte ich nicht, es laut zu sagen; doch kaum hatte mein Vater die Tür hinter ihm geschlossen, erklärte ich: »Das war nicht der echte Weihnachtsmann; das war ein nachgemachter!«

Meine Eltern sahen sich an. Ihr Blick verriet ihre Gedanken: »Er hat's gemerkt. Es wird Zeit, dass wir ihn aufklären.«

Mein Vater zog mich neben sich aufs Sofa. Ich erinnere mich noch heute lebhaft an seinen ›Vortrag‹.

»Mein Junge, wie alt bist du nun schon?«

»Das weißt du doch, Papa, neun Jahre alt bin ich.«

»Ganz richtig, neun Jahre, und damit schon ein großer Junge, alt genug, um das zu erfahren, was nur die erwachsenen Leute wissen.«

Es folgte eine wortreiche und umständliche Erklärung für die Tatsache, dass sowohl der Weihnachtsmann als auch der Osterhase nur *dazu* erfunden worden waren, um den Kindern eine besondere Freude zu bereiten. Ich roch den Braten und rief dazwischen:

»Sag mir's schnell, Papa: Stimmt's? Den Kerl gibt's gar nicht wirklich!«

Doch mein Vater, von Beruf Lehrer, ließ sich nicht so schnell aus dem Konzept bringen. Er überhörte meinen Einwurf. Schließlich wollte er die Gunst der Stunde nutzen und mit gleicher Klappe *noch* eine Fliege erschlagen, nämlich den säuglingsverteilenden Klapperstorch. Der interessierte mich jedoch überhaupt nicht.

Zu mir hatte einmal ein großer Junge gesagt, mich habe ein Esel im Galopp verloren. Na und?

Heute gab es Wichtigeres zu bedenken als das. Mir war ein Stein vom Herzen gefallen. Wenn es den Weihnachtsmann nicht gab, dann konnte er auch den Himmel nicht verderben! Hurra!

Ich bekam an diesem Heiligen Abend ein Kriegsbuch über tapfere Fliegersoldaten, außerdem eine Spielzeugkanone, deren Gummigeschosse meine Zinnsoldaten glatt umlegen konnten (wie sinnig!), und zwei neue Weichen für meine elektrische Eisenbahn. Doch nichts erfreute mein Herz mehr als der zurückgewonnene Gotteshimmel.

Diese Freude ist mir bis heute erhalten geblieben, nur dass ich inzwischen dort Besseres erwarte als nach Schokoladenpudding schmeckenden Spinat.

Ein zweites Mal lasse ich mir diese Freude auch nicht vermiesen, obwohl manche Leute das immer wieder versuchen.

Kaum äußere ich mich positiv über den Himmel, findet das *mindestens einer* sehr verdächtig: »Das riecht nach Weltflucht!«

Dieser Verdacht ist genauso dumm, als würde einem Kind, das sich auf den Schulanfang freut, vorgeworfen, es wolle nur endlich von seinen Eltern wegkommen.

Wenn sich einer am Aschermittwoch schon auf den Karneval im nächsten Jahr freut, ›um da wieder ordentlich die Sau rauszulassen‹, wird das mit einem Schmunzeln quittiert. Freut sich ein Mensch aber auf den Himmel, fühlt man sich dazu berufen, ihm die Gefahren aufzuzeigen, in die er sich begibt: Flucht vor dem Alltag, Vernachlässigung der Gegenwart, Geringschätzung der Zukunft und und und ...

Ich werde allen, die mich für fluchtverdächtig halten, eins husten! Ich nehme Gott seinen Himmel genauso gern ab wie seine Erde, auf der ich zurzeit noch leben darf. Schließlich hat er mich ja ganz herzlich zu sich in den Himmel eingeladen und das nicht durch irgendwen, sondern durch *Jesus! Dich übrigens auch!*

Kein ›Weihnachtsmann‹ kann ihn uns je wieder zertrampeln!

Eltern sind schwierig

»Gerhard! Bist du fertig gewaschen? Es ist gleich sieben. Wenn die Uhr schlägt, liegst du im Bett!«

Jeden Abend das gleiche Theater.

»Darf ich heute nicht ein bisschen länger aufbleiben?«

»Nein, darfst du nicht. Du brauchst deinen Schlaf. Also – keine Diskussion!«

Ich verkürzte das Zähneputzen und lag beim letzten Glockenschlag unter meiner Decke, bereit zum Abendgebet mit meiner Mutter.

Die Erwachsenen sind schwierig – und außerdem ungerecht.

Was hatte mein Vater am Heiligen Abend gesagt?: »Du bist nun ein großer Junge, alt genug, um *das* zu erfahren, was nur erwachsene Leute wissen.« Dann hat er mich über den nicht existierenden Weihnachtsmann aufgeklärt. Wenn es aber abends um sieben ist, bin ich plötzlich wieder der kleine Junge, der ins Bett gehört.

Kinder haben es schwer, sehr schwer!

Ich nahm mir damals vor: Wenn ich ein Mann bin und außerdem ein Vater, werde ich meine Kinder nicht zu Bett schicken. Sie werden gehen dürfen wann *sie* wollen. (Als ich aber schließlich Vater war, hatte ich zum Leidwesen meiner Kinder diesen guten Vorsatz vergessen.)

So lag ich Abend für Abend mürrisch im Bett, schlief spät ein und wollte früh nicht aufstehen.

Groß zu sein, dieses Verlangen war mindestens genauso stark wie das nach Hefeklößen mit Heidelbeeren. Die hätte es alle zwei Tage geben können. Meine Mutter brachte sie aber höchstens alle drei Monate einmal auf den Tisch.

Von den Abendstunden erzählten sich die Großen, dass sie diese Zeit so richtig genössen.

Da muss sich ja ein Kind darüber Gedanken machen, *wie* und *was* sie genießen und wovon sie uns Kinder ausschließen. Ich wollte es auf jeden Fall herausfinden.

Ich wartete abends in meinem Bett, bis meine Eltern sich davon überzeugt hatten, dass ich schlafe. Dann stand ich auf, schlich barfuß bis vor die Stubentür, drückte mein rechtes Auge an das Schlüsselloch und lauschte mit beiden Ohren.

Mehrmals bin ich auf meinem Horch- und Guckposten einfach umgesunken und eingeschlafen. Aber das erzählst du bitte niemandem weiter!

Ein guter Engel muss mich behutsam zurückgetragen haben, denn am nächsten Morgen erwachte ich stets dort, wo ich hingehörte: in meinem Bett.

Zum Frühstück hielt mir mein Vater dann eine Standpauke. Ich solle nachts gefälligst schlafen und nicht spazieren gehen. Ich schloss daraus, dass es den Großen nicht recht war, in den Abendstunden beobachtet zu werden.

58

»Wartet nur!«, dachte ich. »Ich komme euch auf die Schliche!«

Eine Stunde nach dem Gute-Nacht-Gebet und dem Gute-Nacht-Kuss kontrollierten meine Eltern, ob ich auch schlief. Dann wartete ich noch fünf Minuten und begann endlich meine Schleichtour.

Durch das Schlüsselloch sah ich meinen Vater am Radio stehen, das Ohr fest an den Lautsprecher gepresst. Meine Mutter stand dicht neben ihm.

»Dreh doch etwas lauter, ich kann ja gar nichts hören.«

»Bist du von Sinnen? Wenn das draußen einer mitkriegt, dass wir Feindsender hören, gehen wir ab ins Zuchthaus.«

Sie hörten angestrengt weiter.

»Die Engländer haben zwei deutsche Schiffe torpediert und versenkt. – Das haben *unsere* Nachrichten nicht gemeldet!«

»Arndt, dreh lieber ab. Ich habe Angst!«

Der ›Feindsender‹ wurde während des Zweiten Weltkrieges von London aus in deutscher Sprache gesendet, damit wir Deutschen nicht nur auf die Lügen von Hitlers Propagandaminister Joseph Goebbels angewiesen waren.

Mein Vater zeigte Mut und hörte, während meine Mutter vor Angst zitterte, die Nachrichten zu Ende. Ich war richtig stolz auf ihn.

Dass er mich allerdings vorher ins Bett schickte, empfand ich als einen Vertrauensbruch. Er hätte doch wissen müssen, dass er sich auf mich verlassen konnte. Außerdem hätte ich vor meinen Schulfreunden herrlich damit prahlen können, *das* zu wissen, was sonst keiner wusste: wie viele deutsche Flugzeuge abgeschossen, wie viele deutsche Schiffe versenkt und wie viele deutsche Panzer zerstört worden waren.

Enttäuscht schlich ich mich in mein Bett zurück.

Wie soll aber ein Kind schlafen, wenn die Erwachsenen ihm *so* zu denken geben?

Wir hatten Besuch.

Vaters Schwester Maria und ihr Mann Erich aus Dresden waren für ein paar Tage zu uns gekommen. Sie wollten das Jahresfest des Heidersdorfer Gesangvereins mitfeiern, den mein Vater als Chorleiter unter seinen Fittichen hatte.

Das Fest genoss in weitem Umkreis den Ruhm, an Brillanz und Fröhlichkeit nicht seinesgleichen zu kennen.

Tante und Onkel schienen für dieses Fest extra erschaffen zu sein, denn wann und wo sie auftauchten, wurde gelacht und es gab jede Menge Überraschungen. Entweder es schwammen im Teeglas plötzlich gläserne Fliegen herum, die – echten Fliegen täuschend ähnlich – im Zuckerstück versteckt gewesen waren, oder es explodierten unter dem Tischtuch beim Absetzen der Kaffeekanne Knallerbsen.

»Papa, darf ich morgen Abend mitgehen, wenn ihr feiert, wenigstens bis um zehn?«

»Das kommt gar nicht in Frage. Du gehörst ins

Bett. Das ist kein Kinderfest, sondern eins für große Leute.«

»Aber Ria darf doch auch mit.«

»Ja, die ist auch vier Jahre älter als du. Und nun hör auf zu betteln; es nützt dir nichts.«

Was unternimmt ein Kind in einer solchen Situation?

Es bedauert sich und überlegt sich mitten im Weltkrieg der Großen einen Schlachtplan der Kleinen.

»Wenn morgen alle fort sind«, dachte ich, »dann warte ich geduldig, bis Mutti noch einmal nach mir gesehen hat, und dann ist meine Zeit gekommen. Der Gasthof steht gleich nebenan.«

Wir Kinder kannten uns in den Örtlichkeiten sehr gut aus, so dass ich mein Vorhaben generalstabsmäßig bis in alle Einzelheiten planen konnte.

Ich ging an dem bewussten Abend ohne zu murren ins Bett – wofür ich ausdrücklich gelobt wurde –, und schlief scheinbar bald fest ein. Als alle fort waren, wartete ich fast eine Stunde, bis meine Mutter sich noch einmal vom festen Schlaf ihres guten Jungen überzeugt hatte.

Nun zog ich mich an, nahm meine Taschenlampe, schlich mich davon und gelangte unbemerkt ans Ziel: Von hinten durch eine Koppel auf das Gasthausgelände, durch eine kaputte Tür in den finsteren Saal, den ich durchquerte, bis zu dem Guckloch in der Wand, das für den Filmvorführer eingemauert worden war.

Irgendeine gute, nichts ahnende Seele hatte

unter dem Loch einen Tisch abgestellt, den ich nun für meine Zwecke nutzte.

Ich erklomm ihn und konnte von da aus die Gaststube überblicken.

Meine Enttäuschung war riesengroß.

Vater hatte den Chor aufgestellt und nun sang der und sang ... und sang ... Volkslieder, Wanderlieder, Liebeslieder, Abendlieder, ... es schneite Kohlen, ... es flossen Brünnlein ... und es sah ein Knab ein Röslein stehen.

Schon wollte ich aufgeben und heimkehren. Da griff plötzlich mein Onkel Erich in das Geschehen ein.

»Ihr könnt ja schon gar nicht mehr singen. Ihr krächzt wie Raben. Euch sind vom vielen Singen die Kehlen trocken geworden. Ihr braucht eine Pause zum Kühlen und Spülen.«

Sein Vorschlag fand den Beifall aller.

Sie setzten sich an ihre Tische und es wurde Bier, Wein, Schnaps und Kaffee aufgetragen.

Mein Onkel stieg auf einen Tisch, um von allen gesehen und gehört zu werden.

»Aufgepasst, Leute. Ich kann ein Kunststück, das mir noch keiner nachgemacht hat. Soll ich es euch vorführen?«

»Ja!« »Ja!« »Ja!«, tönte es aus allen Ecken und Kehlen.

»Ich brauche dazu einen gut angezogenen Mann«, fuhr Onkel Erich fort.

Er stieg vom Tisch herunter und ging zu einem

Bauern, der im Dorf als ein besonderes Original bekannt und beliebt war. Ihn nahm er bei der Hand und zog ihn bis zur Theke.

»Martin, schick hast du dich gemacht; extra für dieses Fest einen neuen Anzug gekauft, wie?«

»Naa; das is noch dr Sonntichaazuch von men Gruußvoter. Unneraaner kaa sich net fier jede Generation ewas Neies kaafn, wie ihr Gruß-städter.«

»Egal, Martin. Der Anzug steht dir. Pass auf. Ich erkläre dir die Wette: In nur zwei Minuten schnei-de ich dir von deinem Anzug alle Knöpfe ab, vom Jackett, von der Weste und von der Hose. Aber ich nähe sie dir in diesen zwei Minuten auch wieder fest an.«

»In zwaa Minutn so viele Knepp? Dos glaab ich net!«

»Wir wetten. Wenn ich es schaffe, zahlt ihr alle *mir* eine Runde. Verliere ich, zahle ich *euch* die Runde.«

»De Wette gilt!«

Nun griff aber Martins Frau ein.

»Naa, daraus werd nischt! Du kaast dir doch net alle Knepp runnerschneidn lassn.«

»Sei still, Liesl. Das will ich sahn, wie so e feiner Grußstadtpinsl nähe kaa. De Wette gilt!«

Endlich passierte was! Ich starrte so ange-strengt durch das Loch, dass mir fast die Augen ausfie-len.

Ich ahnte, dass mein Onkel wieder nur Schaber-

63

nack trieb. Martin musste auf einen Stuhl steigen. Die Wirtin brachte Schere, Nadel und Zwirn.

Der ›Ortsbauernführer‹, die Nazigröße des Dorfes, stoppte mit seiner Taschenuhr die Zeit.

»Zwei Minuten. Los geht's!«

Onkel Erich schnitt in Windeseile sämtliche am Anzug vorhandenen Knöpfe ab. Zu seiner Ehre sei gesagt, dass er den Stoff dabei nicht verletzte. Arbeitsgang eins war in Sekundenschnelle geschafft. Das Publikum staunte.

Martin stand da und hielt seine Hose fest, denn die Knöpfe für die Hosenträger waren natürlich auch fort.

Jetzt griff der Hexenmeister zum Zwirn, schnitt sich einen langen Faden ab und versuchte, ihn in das Nadelöhr einzufädeln. Aber so sehr er sich auch mühte, es wollte ihm nicht gelingen. Die zweite Minute war fast verstrichen, da warf mein Onkel Nadel und Faden auf den Schanktisch und erklärte:

»Ich habe heute keinen guten Tag. Ich geb's auf und bezahl euch die Runde.«

Großes Hallo!

Da stand nun der arme, gefoppte Martin und hielt seine Hose fest.

»Ho ich mirch doch glei gedocht. Ihr Grußstädter habt e grußes Maul, aber da is nischt drhinner«, sagte er gleichmütig.

Die Männer krümmten sich vor Lachen. Die Frauen kreischten. Da, wie vorauszusehen gewe-

64

sen war, der Genarrte gute Miene zum bösen Spiel machte, kam keinerlei Missstimmung auf.

»Na warte, du Lumprich. Das sollste mir bießn«, fuhr Martin fort. »Jetzt schnapp ich mir deine Maria; die muss mir de Knepp wieder aanähn; un fier jedn aagenähtn Knopp krichtse von mir en Schmatz.« Er zählte laut die abgeschnittenen Knöpfe.

»Zwanzch Kneppe seins. Maria, kaast dir viel Zeit namm zum Nähn; ich lass mir aa viel Zeit zum Schmatzn. Un du, Knoppabschneidr, musst, solange mir nähn, mit meiner Fraa tanzn, aber uhne Pause.«

Mein Vater setzte sich ans Klavier und spielte einen Walzer nach dem anderen; die beiden Tänzer legten flotte Sohlen aufs Parkett, während die übrigen Sänger ringsherum standen und im Takt Beifall klatschten. Inzwischen nähte meine Tante fleißig Knöpfe an und kassierte unter großem Hallo dicke Küsse. Der Jubel in der Gaststube war nicht mehr zu überbieten.

Ich wartete, bis der letzte Knopf angenäht und der letzte Kuss geküsst war, dann trat ich schleunigst den Heimweg an; gerade noch rechtzeitig, denn schon kam meine Mutter, um nach mir zu sehen.

Schlafend konnte ich mich nicht stellen. Ich rieb mir die Augen und tat so, als müsse ich gerade mal auf Toilette gehen. Meine Mutter wartete ab und deckte mich dann wieder zu. »Nun schlaf schön weiter. Bist ein braver Junge. Wir kommen auch bald.«

»Ist's schön bei euch, Mutti?«

»O ja. Sehr schön.«

Sie ging.

›Sehr schön.‹ – Ich fand das auch; und selten hatte ich meine Eltern so lustig erlebt wie an jenem Abend.

Vielleicht sollte ich schnell noch meinem Vater alle Knöpfe von seinem schwarzen Anzug abschneiden, den er morgen früh brauchte, wenn er in die Kirche gehen und die Orgel spielen musste. Dann hätten wir alle schon wieder etwas zu lachen.

Zum Glück unterließ ich es – in stiller Vorahnung, dass hier mit zweierlei Maß gemessen werden würde. Das hatte ich schon festgestellt: Wenn zwei dasselbe tun, dann ist es nicht dasselbe, denn der eine ist ein Mann und der andere ist ein Kind.

Als ich in unsere Stubengardine schöne Muster geschnitten hatte, tobte mein Vater, holte den Rohrstock und bläute mir meinen zarten Kinderpopo.

Als ich unseren Kohlenkasten (die junge Generation lasse sich von ihren noch lebenden Urahnen erklären, was das ist) aus der Küche in die Stube gefahren hatte und auf und vor dem Sofa aus den Briketts eine stattliche Burg baute, schickte mich mein Vater am helllichten Tag ins Bett, nicht ohne mir vorher noch eine Tracht Prügel verabreicht zu haben.

Und weil ich in einem Lehrbuch Martin Luther mit dem Bleistift einen herrlichen Vollbart gemalt hatte, belohnte mich mein Vater mit drei saftigen Ohrfeigen und dem Ausruf: »Werde erst einmal so ein Mann!«

Ganz allmählich begann ich diese Logik zu begreifen. ›Dummheiten‹ waren das Privileg der Erwachsenen. Darum schickten sie uns Kinder abends vorzeitig ins Bett. Dabei könnten sie doch wissen, dass wir sehr viel Verständnis für solche Späße haben, die dem Menschen ganz einfach gut tun.

Kopfschüttelnd drehte ich mich zur Seite. Wie soll aber ein Kind schlafen, wenn die Erwachsenen ihm *so* zu denken geben?

Der Mond schien in mein Zimmer. An Schlaf war nicht zu denken; also war ›Anschleichen‹ angesagt.

Zwei Türen musste ich öffnen, um aus meinem Zimmer bis in den Flur zu kommen, von wo aus ich dann durch das Schlüsselloch meine Eltern beobachten konnte.

Ich war ein Meisterdetektiv! Obwohl beide Türen knarrten, bemerkten mich meine Eltern nicht.

Heute Abend saßen sie so günstig am Tisch, dass ich sie voll im Blick hatte. Mein Vater stand auf, ging in sein Arbeitszimmer und holte aus seinem Bücherschrank unsere dicke Familienbibel mit Bildern von Rudolf Schäfer. Mutti zündete inzwischen eine Kerze an.

Vater setzte sich zu ihr, schlug die Bibel auf,

blätterte darin und las daraus vor. *Was* er las, weiß ich nicht mehr. Es könnte ein Psalm gewesen sein. Mehrmals war von ›Loben und Danken‹ die Rede.

Die Bibel stand bei meinen Eltern hoch im Kurs. Sie war genauso in täglichem Gebrauch wie der »Olbernhauer Generalanzeiger« (die Tageszeitung meiner Kindheit) und das Telefonbuch.

Eine Weile saßen Vater und Mutter nach dem Bibelwort still da. Sie hielten sich bei den Händen.

Mutter sagte: »Wir sind glücklich dran. Gott beschenkt uns mit viel Gutem und Schönem.«

Vater erwiderte: »Ja, zum Beispiel hat er mir *dich* geschenkt, und das nicht nur einmal, sondern jeden Tag wieder.«

»Ach du!«

»'s ist doch wahr! Du bist die schönste, beste und liebste Frau, die ich finden konnte!«

Ich nickte zu Vaters Worten so heftig mit dem Kopf Beifall, dass ich gegen die Tür stieß und erschrak. Aber meine Eltern bemerkten auch *das* nicht.

Sie falteten die Hände.

Durfte ich jetzt noch bleiben und meine Eltern beim Beten belauschen?

Warum eigentlich nicht?

Wenn der Pfarrer in der Kirche betete, hörten ja auch viele zu. Also blieb ich.

Mal betete mein Vater, mal meine Mutter.

Sie bedankten sich für Gottes gute Idee, sie zu Frau und Mann gemacht zu haben und außerdem dafür, dass Vati ein ganzes Jahr an keiner eitrigen Mandelentzündung erkrankt war.

Jetzt kamen wir Kinder an die Reihe, Ria zuerst. Sie war ein braves Mädchen, dem Unarten gar nicht in den Sinn kamen. Damit stand sie im krassen Gegensatz zu mir.

So war es kein Wunder, dass meine Eltern viele gute Worte fanden, mit denen sie ihre Freude und ihren Dank vor Gott aussprachen.

Was würden sie aber von *mir* zu sagen haben?

So sehr ich in der Eile auch überlegte, mir fiel selbst nichts Gutes ein.

Da hörte ich schon meinen Vater beten:

»Genauso viel Freude schenkst du uns, lieber Gott, mit unserem guten Jungen, unserem Gerhard. Er hat immer den Kopf voller Ideen und in seinem Eifer merkt er manchmal nicht, dass etwas Dummes dabei ist.

Aber *ich* merke es, werde schnell zornig und bestrafe ihn – oft wahrscheinlich viel zu hart und ungerecht. Bitte vergib es mir. Ich habe ihn doch so lieb. Bitte halte ihn fest und lass ihm sein Leben gelingen.«

Meine Mutter erzählte Gott, wie sehr sie sich darüber freute, dass ich den ganzen Tag fröhlich vor mich hinsang und es kaum erwarten konnte, bis es wieder Sonntag wurde, weil ich so gern in den Kindergottesdienst ging.

Mehr Gotteslob über meinem Leben verkraftete ich nicht.

Ich zog mich eilends zurück.

Im Bett eingetroffen, gab es auch an diesem Abend für mich wieder ein schweres Problem zu lösen: Mein Vater hatte mich des Öfteren einen Nichtsnutz geschimpft und mich damit hart getroffen. Heute Abend dagegen hatte er mich im Gebet einen guten Jungen genannt.

Das waren ja tolle Gegensätze.

Vergingen Minuten oder vielleicht eine volle Stunde, während ich über dieses Rätsel nachdachte? Auf jeden Fall fand ich die Lösung.

Wenn mich mein Vater einen *Nichtsnutz* schimpfte, dann redete er im Zorn ›*aus seinem Bauch heraus*‹. Diesen Ausdruck gebrauchte er selber immer *dann*, wenn er mir klarmachen wollte, dass *ich* wieder einmal unüberlegt geredet oder gehandelt hatte. Wenn er mich heute Abend im Gebet aber einen *guten Jungen* nannte, dann kam diese Rede ganz gewiss aus seinem *Herzen*.

Noch etwas machte mich so richtig froh, ja sogar stolz.

Der Vater eines Schulfreundes hatte sich an den Gauleiter (einen hohen Parteifunktionär der Nazizeit) gewandt, damit der sich für seinen Sohn einsetzte, der gern auf die ›Adolf-Hitler-Schule‹ gehen wollte. Als der Junge mir das erzählte, war ich neidisch.

Der *Gauleiter* setzt sich für den Hartmut ein!! (Ich ahnte damals nicht, was dieser scheinbar mächtige Mann für eine schlappe Eintagsfliege war.)

Heute Abend hatte ich erlebt, dass sich mein Vater meinetwegen an eine viel höhere Instanz wandte, *an Gott*! Was wollte ich mehr? Ich war's zufrieden, sehr zufrieden – mit Gott und der Welt und mit meinen guten Eltern –, schlief glücklich ein und beendete für immer meine nächtlichen Ausflüge.

Kauen, schlucken, schütteln

Gott mischt uns Menschen gut durch, so dass im Laufe der Jahre viele verschiedene Typen unseren Weg kreuzen. Auf diese Weise wird das Leben nicht langweilig. Das ist eine famose Schöpferidee!

Ich besuchte die Oberschule in Olbernhau.

Das bedeutete für mich kein Vergnügen. Jede Schule und jede Unterrichtsstunde empfand ich als ein scheußliches Übel – und *das* als Sohn eines Lehrers!

Mein Vater fasste mich oft an den Schultern, so richtig mit beiden Händen, sah mir tief in die Augen und meinte:

»Mein Junge, der Tag wird kommen, an dem du dich danach sehnst, in die Schule gehen zu dürfen.«

Jetzt bin ich Rentner. Auf den Tag meiner Schulsehnsucht warte ich heute noch. Inzwischen bin ich davon überzeugt, dass sich mein Vater zumindest in *diesem* Punkt wohl doch geirrt hat.

Es war Krieg. Unsere Lehrer wurden an die Front geholt. Wir Schüler hatten dafür jede Menge Freistunden, eine Tatsache, die uns nicht so sehr betrübte. Was verstanden wir überhaupt vom Krieg? Wir freuten uns zum Beispiel riesig, wenn die Sirene heulend Alarm meldete. Dann musste der

Unterricht sofort abgebrochen werden. Wir stürmten johlend in den Luftschutzkeller, nicht begreifend, dass zur gleichen Zeit Menschen im Bombenhagel ihren Besitz, ihre Gesundheit oder gar ihr Leben verloren. Für uns bedeutete Fliegeralarm nur: schulfrei!

Damit unser Stundenplan nicht *nur* aus Freistunden bestand, wurden alte Lehrer, die längst ihre Pension bezogen, in den Schuldienst zurückgeholt.

Die Armen.

Manche von ihnen kamen nicht nur mit zitterndem Herzen, sondern auch mit zitternden Knien in die Klasse.

›Fizlibuzli‹ nannten wir den, der uns in Biologie unterrichtete. Er war so durcheinander, dass ich ihm, wenn er mich zur Kontrolle drannahm, mit dreister Frechheit erklärte:

»Aber Herr Dr. Starke; ich war doch schon in den letzten beiden Wochen damit dran.«

»Soso, du warst schon dran. Dann muss ich das vergessen haben.«

Daraufhin trieb ich meine Unverfrorenheit noch ein Stück weiter.

»Herr Dr. Starke, Sie haben mich sogar gelobt und mir für meine Leistung eine Zwei plus gegeben.«

»Soso, habe ich das? Ach mein Gedächtnis. Dann will ich dir diese Zensur gleich noch eintragen. Kein Schüler soll unter der Vergesslichkeit meines Alters leiden.«

Ein anderer Lehrer bekam von uns den Namen ›Assel‹, weil er Keller hieß. Der war noch kein Rentner, aber für den Krieg trotzdem schon zu alt. Er lehrte uns Englisch und war ein richtiger Paukertyp.

Mein Vater kam auf den entsetzlichen Gedanken, ihn zu fragen, ob er mir Nachhilfeunterricht geben könne. Mein Englisch war wohl zu mangelhaft.

›Assel‹ sagte »ja«, und das hieß für mich, *einmal* wöchentlich bei ihm in der Wohnung Unterricht zu nehmen.

Der Donnerstag wurde zum schwarzen Tag der Woche.

Nach dem regulären Unterricht musste ich mit Herrn Keller und dessen Frau, die auch an unserer Schule unterrichtete, in die Gaststätte zum Essen gehen, um anschließend bei ihm zu lernen.

Der einzige Farbtupfer dieser Nachmittage war *Frau* Keller. Sie hätte sehr bequem die Tochter dieses Studienrates sein können und mein zwölfjähriges Bubenherz begann bei ihrem Anblick heftig zu klopfen. Sie war traumhaft schön! Und sie hatte ein Herz für einen armen, geplagten Schüler!

Wir saßen also in der Gaststätte am Tisch und aßen unsere ›Vollkriegskost‹ aus Kartoffeln und Rüben. Herr Keller hatte ganz eigene Vorstellungen davon, wie man korrekt essen müsse, und erteilte bei jeder Mahlzeit die notwendigen Kommandos.

»Eins, zwei, drei.«

Bei »drei« musste der gefüllte Löffel – oder die Gabel – in den Mund gesteckt werden. Dann begann das Kauen. Zwanzigmal links, zwanzigmal rechts. Schlucken!

»Eins, zwei, drei!«

Der nächste Löffel folgte. Und wieder zwanzigmal links und zwanzigmal rechts kauen. Schlucken!

Nach dem vierten Essen, Kauen, Schlucken begann das Schütteln. Man hielt sich dazu mit den Händen links und rechts am Stuhl fest, stemmte sich so weit wie möglich nach oben und ließ sich auf den Stuhl zurückfallen. Das Ganze sechsmal. Mein Lehrer meinte, das sei für die Verdauung unverzichtbar. Erst danach durften wir die nächsten vier Löffel- bzw. Gabelportionen essen, kauen, schlucken.

Als ich das zum ersten Mal erlebte, wusste ich nicht, ob der Mann mich verkohlen wollte oder ob er verrückt war.

Ich blickte Hilfe suchend zu Frau Keller. Sie beantwortete meinen verzweifelten Blick mit einem freundlichen Zunicken. Das bedeutete: »Mach nur mit. Wenn *ich* mich nicht vor den Leuten schäme, brauchst du es auch nicht.«

Also weiter. Viermal essen, kauen, schlucken – sechsmal schütteln. Bis der Teller leer war.

Nachdem ich diese Prozedur drei Wochen lang – jeweils donnerstags – mitgemacht hatte, fand ich Gefallen an dem Blödsinn. Ich konnte ihm etwas

75

Schönes, ja geradezu Verlockendes, abgewinnen.

Ich schaute beim Schütteln mein Gegenüber, Frau Keller, an. Sie brachte es fertig, bei diesem irren Unternehmen zu lächeln, freundliche Grimassen zu schneiden, regelrecht herumzualbern. Süß sah sie dabei aus. So sehr ich mich auch vor den Leuten schämte, so bedauerte ich es doch, wenn die Teller leer geschüttelt waren.

Aber dann ging es erst richtig los – es folgte der Unterricht in der Wohnung. Die bestand aus *einem* Zimmer, welches als Wohn-, Schlaf- und Arbeitszimmer herhalten musste. Ein angebauter Erker schien als Küche zu fungieren. Ich schloss das aus einem elektrischen Kocher auf einem wackligen Tischchen und einem niedrigen Schränkchen, auf dem eine Zuckerdose ihren Platz hatte. Da die Frau sehr schlank war, passte sie gerade noch zwischen diese beiden Möbelstücke. Damit war der Erker ausgefüllt.

Ich wurde am Wohnzimmertisch platziert.

Der große Meister gab mir jede Menge Übungsaufgaben für den Nachmittag. Dann legte er sich auf die Couch und nickte ein zum Mittagsschlaf.

Sie hantierte einstweilen in der Küche, voll in meinem Blickwinkel. Ich konnte ihr also signalisieren, dass ich mit den Aufgaben nicht zurechtkam. Sie bedeutete mir durch Handzeichen, dass sie zu Hilfe käme, aber erst, wenn der Gemahl schliefe.

Es verging eine Weile. Der Schläfer schnarchte. Ich nickte der guten Fee zu: »Du kannst kommen!«

Sie schüttelte ihre Locken und ihre Miene sagte mir: »Das Schnarchen ist nicht echt. Er tut nur so.«

Ich tat auch nur so, als ob ich nachdächte. Zwischendurch warf ich verstohlene Blicke nach rechts zu ihm und nach links zu ihr.

Jetzt war Ruhe. Sie nickte und kam. Ich zeigte ihr meine Aufgaben.

Sie sah sich alles genau an.

»Das kannst du allein und hier helfe ich dir bei der Übersetzung.«

Na, wenn *sie* mir das zutraute, dann *musste* ich es auch schaffen. Ich wollte sie mir doch als Freundin erhalten und nicht enttäuschen. Also gab ich mir Mühe.

Ich schaffte es tatsächlich!

Sie kam, sah es durch, ließ mich noch manches verbessern, lobte mich. Ich fühlte mich wie auf einer Wolke des siebenten Himmels. Dann diktierte sie mir die schwere Übersetzung.

Ich hatte immer Angst, ihr Mann könne munter werden. Sie blieb aber ganz gelassen.

»Ehe er aufwacht, reibt er seine Füße aneinander.«

Und tatsächlich. Er rieb seine Füße, dann dauerte es noch eine Weile, die sie nutzte, um in die Küche zu entrücken, bis er endgültig seine Augen aufschlug und wach war.

Ich zeigte ihm meine fertigen Aufgaben. Sie hatte ein paar leichte Übersetzungsfehler eingeschmuggelt, damit der Schwindel nicht auffiel. Er erklärte

77

mir, warum das so und nicht so heißen muss und ich nickte ehrfürchtig meine Zustimmung.

»Dein Zug fährt erst in einer halben Stunde. Ich gebe dir noch einen Abschnitt vom Deutschen ins Englische zu übersetzen.« Doch da schwebte schon mein Engel in die Stube.

»Daraus wird nichts. Ich habe eine Quarkspeise gerührt, die essen wir jetzt und zwar gemütlich. Runter mit den Büchern vom Tisch!«

Gesagt, getan. Er fügte sich und ich war es sehr zufrieden. Sie servierte die Quarkspeise in Glasschälchen, die wiederum in Holzschälchen eingepasst waren. Solches Geschirr gab es bei uns daheim nicht.

Mein Bubenherz genoss Schälchen, Speise und die Gegenwart der schönen, verständnisvollen Frau. Wenn sie mich nicht zum Bahnhof geschickt hätte, der Zug wäre jedes Mal ohne mich davongefahren.

Das Unheil Hitler

»In Reih und Glied antreten zum Dienst! Richtet euch! Die Augen geradeaus!«

Nein. *So* darfst du das nicht lesen.

Du kannst doch nicht mit übereinander geschlagenen Beinen, im Sessel sitzend, befehlen. Auch wenn du im Zimmer allein bist und es dir nur selbst vorliest, musst du schreien – schreien wie alle Jungvolk- und Hitlerjugendführer, die Offiziere in den Kasernen, auf den Straßen und Plätzen und im Kampfgebiet schrien.

Es gehörte zum Befehl, dass er *geschrien* wurde. Er sollte wie Kanonendonner klingen. Und er wurde *befolgt* ... ohne Pardon!

Befehl und Gehorsam gehörten zusammen wie Blitz und Donner.

Also lies das jetzt noch einmal. Lies es so, dass deine Nachbarn bei dir klingeln, weil sie denken, du bist verrückt geworden. Steh dazu auf, und stehe stramm!

»In Reih und Glied antreten zum Dienst!

Richtet euch!

Die Augen geradeaus!

Rechts um!

Im Gleichschritt Marsch!

Links, zwei, drei, vier – links, zwei, drei, vier – links, zwei, drei, vier ... ein Lied!«

»Vorwärts, vorwärts schmettern
die hellen Fanfaren;
vorwärts, vorwärts,
Jugend kennt keine Gefahren.
Ist das Ziel auch noch so hoch,
Jugend zwingt es doch!
Unsre Fahne flattert uns voran;
unsre Fahne ist die neue Zeit;
unsre Fahne führt uns in die Ewigkeit;
unsre Fahne ist mehr als der Tod.«

Ich marschierte nicht mit *in* der Reihe, sondern als Einzelner vornweg – mit der Fahne!

Jawohl. Mir als Sohn des Schulleiters wurde die Ehre zuteil, Fahnenträger zu sein.

Ich trug das Stück Stoff, das ich damals wie ein Heiligtum verehrte, mit gemischten Gefühlen.

Voller Stolz trug ich die Fahne, wenn wir durch unser Dorf marschierten; Angst flößte sie mir ein, wenn wir zum Geländespiel ausschwärmten, denn im ›Fahnenträgerlehrgang‹ hatten wir gelernt: Die Fahne entscheidet im Kampf über Sieg oder Niederlage. Sie darf nie in die Hände des Feindes fallen. Der Fahnenträger verteidigt sie mit seinem Leben.

Das erschien mir nun doch ein wenig übertrieben.

Im Ernstfall würde *ich* mich für mein *Leben* entscheiden.

Ich bin ein geborener Feigling.

Mir war klar, dass die schlimmste Prügelei beim Geländespiel an der Fahne stattfindet.

Wie konnte ich meinem Los entgehen und trotzdem Fahnenträger sein?

Ich wusste mir zu helfen.

Sonntag früh um acht Uhr. Treffen an der Schule. Antreten zum Appell. Abmarsch in das ›Kriegsgebiet‹.

Der Feind (Hitlerjungen aus Cämmerswalde) hatte sich im Saydaer Forst festgesetzt.

Der Befehl an uns lautete:

»Den Forst vom Feind säubern!«

Einer von uns trug in seinem Marschgepäck jede Menge Stricke, mit denen wir die gefangenen Feinde an die Bäume zu fesseln gedachten. Wir näherten uns dem Forst, ich mit der Fahne voran.

Der Fähnleinführer teilte uns ein.

»*Ihr* übernehmt die Seite hinter den hohen Fichten. *Ihr* durchkämmt das Mittelstück und *ihr* die rechte Seite hinter dem Graben.«

»Ich kenne mich hier aus. Im Mittelstück gibt es eine Lichtung und in dieser Lichtung einen Hügel. Dort hisse ich unsere Fahne.«

»Ja, tu das; aber lass dich von keinem Feind erwischen!«

Ich wartete ab, bis sich unsere Leute im Wald verteilt hatten, dann schlich ich los. Kaum verdeckten mich die Fichten, kroch ich in Richtung einer halbhohen Schonung, die eigentlich nicht betreten werden durfte, nutzte ein Loch im Maschendraht als Durchschlupf und versteckte mich samt meiner Fahne unter einem großen Reisighaufen. Ich muss das so perfekt hingekriegt haben, dass

81

mich tatsächlich weder Freund noch Feind dort fand.

Ich zitterte vor Angst. Das Einzige, das mir noch zu funktionieren schien, waren die Ohren. Sie leiteten die Schreie der Prügelnden und der Verprügelten so intensiv in mein Gehirn und von da aus in sämtliche Nervenzellen meiner Arme, Beine und Gedärme, dass ich wie beim Schüttelfrost bebte – und der Reisighaufen gleich mit.

Wieso ich am Ende dieses Dramas noch trockene Hosen hatte, ist mir bis heute ein unerklärliches Rätsel geblieben.

Manchmal kamen die Schreie meinem Versteck sehr nahe.

Ich fürchtete, vor Angst zu sterben.

Aber ich starb nicht, sonst könnte ich dir das heute, fast 60 Jahre danach, nicht erzählen.

»Dort! Dort hinter der Wurzel verbirgt sich ein Heidersdorfer Partisan. Komm raus, du Hund! Wir prügeln dich windelweich!«

Das klang ja fast so, als würden unsere Feinde die Oberhand gewinnen. Auch das noch!

Der ›Partisan‹ schien zu fliehen.

»Feigling! Feigling! Wo gibt's denn so was, einfach auszureißen! Na warte!!«

Der ›Feigling‹ schrie auf. Wahrscheinlich hatten sie ihn eingeholt. Dann röchelte er eine Zeit lang und schließlich heulte er erbärmlich.

Nach dem ›Krieg‹ erkundete ich, dass sie ihm die Nase blutig geschlagen hatten. Vier tapfere

Cämmerswalder Hitlerjungen hatten der Reihe nach dem ›Zinken‹ des Gefangenen einen kräftigen Fausthieb verpasst.

Du guckst so ungläubig.

Frage Männer meines Alters, ob das so stimmt, oder ob ich dir Märchen erzähle. Aber du musst Männer fragen, die bei der Hitlerjugend mitgemacht haben. Sie machten damals alle mit, bis auf einzelne Ausnahmen, die so selten waren wie ein weißer Elefant in Sibirien.

Inzwischen kommt es mir jedoch oft so vor, als sei ich damals der einzige Hitlerjunge gewesen. *Wenn* heute noch einer davon spricht, dann war er auf jeden Fall dagegen.

Der Reisighaufen bebte noch immer – nun erst recht.

Ich würde hier wahrscheinlich bis in die Nacht hinein liegen müssen. Doch mit der Zeit wurde es stiller um mich herum. Ich wagte mich aus meinem Versteck heraus, schlich auf Umwegen aus dem Wald und fand schließlich den Platz, auf dem die Hitlerjungen beider Orte zusammensaßen und den Kampf auswerteten.

Als ich mit zusammengerollter Fahne auf der Bildfläche erschien, brüllten die Cämmerswalder gleich los:

»Drauf! Reißt ihm die Fahne weg. Sie gehört uns! Wir haben gesiegt!«

Schon kamen sie auf mich zugerannt. Ihre

Schulterriemen schwenkten sie schlagbereit in ihren Händen.

Da griffen die beiden Fähnleinführer ein. Die hatten wohl selbst keine Lust mehr zum Weiterdreschen, denn die Mittagszeit war längst überschritten und der Hunger machte sich bemerkbar.

Sie fragten mich:

»Wo hast du gesteckt? Du musst mit deiner Fahne immer dort sein, wo der Kampf am heftigsten tobt.«

»Dort war ich ja auch. Wenn ihr die Fahne nicht gesehen habt, dann wahrscheinlich deshalb, weil ein paar Bäume sie verdeckten.«

Zum Glück blutete ich sowohl im Gesicht als auch an den Armen und Händen. Diese Abschürfungen hatte ich mir unter dem Reisighaufen zugezogen, behauptete aber, sie seien die Folgen des heißen Kampfes, den ich um unsere Fahne geführt hatte. Leider erinnerte sich kein Cämmerswalder Hitlerjunge an mein Gesicht. Sie behaupteten stocksteif, mich auf dem ›Schlachtfeld‹ nicht gesehen zu haben.

Lass mich bei diesem Wort ›Schlachtfeld‹ einen Augenblick innehalten. Dieses Wort war im offiziellen Sprachgebrauch; und tatsächlich stimmte es ja auch aufs Haar.

Im Schlacht*hof* werden Tiere niedergeschossen, erschlagen, aufgeschlitzt.

Auf dem Schlacht*feld* geschieht dasselbe an

Menschen. Männer, Väter, Söhne – inzwischen auch längst Frauen und Mädchen, ja Kinder werden geschlachtet wie Vieh! Am Ende bleiben Felder voller Totengebeine übrig – und zwischen ihnen die Schreie derer, die noch einen Funken Leben in sich haben und nun langsam und qualvoll sterben. Das ist der Krieg!

Zurück zum Saydaer Forst, wo wir auf ihn vorbereitet werden sollten.

Mir wurde vor versammelter Mannschaft eine Rüge ausgesprochen, aber ich durfte Fahnenträger bleiben – schließlich war mein Vater der Schulleiter und schrieb für den nationalsozialistischen Ortsgruppenleiter die politischen Reden.

Beziehungen schaden eben nur dem, der keine hat!

Irgendwie brachte ich es fertig, alle Geländespiele zu überstehen, ohne je Prügel zu beziehen; und immer kam ich zum Schluss mit meiner Fahne unversehrt nach Hause.

Ja, so war das. Stolz und Feigheit lebten als Zwillinge in meiner Seele.

Und was empfand ich für Adolf Hitler?

Ich glaubte an Hitler wie an Gott, nur mit *dem* Unterschied, dass Gott unsichtbar, Hitler aber sichtbar unter uns lebte. Er ließ sich, nicht unähnlich dem Goldenen Kalb, im offenen Auto durch die Straßen fahren, wurde umjubelt und mit Blu-

85

men beworfen. In der ›Wochenschau‹ konnten wir ihn bewundern, ihn, den sichtbaren Gott. Ich glaubte an ihn wie an Jesus. Jesus hatte Kranke geheilt, Tote zum Leben erweckt, Stürme zur Ruhe gezwungen, Essen besorgt. Hitler baute gute Straßen, Panzer, Kanonen und Flugzeuge, vor denen die ganze Welt zitterte (so meinte ich).

Hitler verschaffte uns tolle Uniformen.

Ich habe in meinen siebzig Lebensjahren nie so oft in den Spiegel geguckt wie in meiner Hitlerjugendzeit. Ich fand mich einfach großartig: Kurze schwarze Kordhose mit Ledergürtel und Koppelschloss, Schulterriemen, Braunhemd, Schlips und Lederknoten. Am liebsten wäre ich mit der Uniform ins Bett gestiegen. Im Nachthemd fühlte ich mich meiner Hitlerjugendehre beraubt.

Ich trug auch die Frisur unseres Führers, den ›Hitlerscheitel‹.

Und ich betete:

>»Schütze, Gott, mit starker Hand
>Führer, Volk und Vaterland.«

Zum Beginn des Schulunterrichts sangen wir:

>»Unser Führer, das ist Adolf Hitler.
>Hinter ihm, da marschiert es sich gut.
>Drum beten wir deutschen Kinder:
>Unsern Führer erhalte uns Gott.«

Zum Gottesdienst zu gehen blieb mir wenig Zeit, denn unsere ›Führerstunden‹ wurden nicht nur werktags zweimal abgehalten, sondern oft genug auch noch sonntagvormittags.

Aber schließlich war das ja gar nicht so schlimm, *wohin* einer zum Gottesdienst ging, ob in die Kirche oder in das Hitlerzimmer. Einen Altar, Predigten, Gelübde und Lieder gab es hier wie dort. Kurz: Ich war ein gottesfürchtiger Hitlerjunge.

In meinem Waschkrug steckte die Hakenkreuzfahne.

Ich sammelte Hitlerpostkarten wie die Jugendlichen heutzutage solche von Sportlern, Schauspielern oder Popsängern.

Über meinem Bett hingen zwei Sprüche: Der eine stammte aus der Bibel und Jesus hatte ihn gesprochen:

»Ich bin der gute Hirte!«

Der andere stammte aus einer Hitlerrede an die deutsche Jugend:

»Deutscher Junge – sei hart wie Kruppstahl und zäh wie Leder!«

Mehrmals schlugen am Ausgang unseres Dorfes Soldatentrupps für einen Tag ihr Lager auf. Die Hitlerjugend wurde eingeladen und aus der Gulaschkanone gespeist. Wir durften ein Gewehr in die Hand nehmen, eine Kanone anfassen, auf einen Panzer klettern. Das war schon mindestens so schön wie einmal im Himmel gewesen zu sein. Ich streichelte ein Maschinengewehr fast ebenso ehrfürchtig und andächtig wie Jahre später unseren Erstgeborenen und seine beiden nachfolgenden Schwestern.

87

Es war verrückt – aber es war so!

Ich war bereit, für Hitler durchs Feuer zu gehen; nur verbrennen sollte es mich nicht. Ich war bereit, für Hitler zu sterben; nur sollte es mich nicht mein Leben kosten.

Wir waren wieder einmal zum ›Sonntagmorgenhitlerjugendmutprobeneinsatz‹ zusammengetrommelt worden.

Alle Nichtschwimmer, zu denen auch ich gehörte, marschierten im Gleichschritt etwa 5 Kilometer aus Heidersdorf hinaus zu einem kleinen See (vielleicht war es auch nur eine abgesoffene Sandgrube), in dessen Mitte SA-Männer ein Holzpodest errichtet hatten.

Zu diesem Podest wurden wir mit einem Boot gefahren, mussten es erklimmen und standen dann zusammen mit unserem Fähnleinführer und etlichen SA-Männern, die aber statt ihrer braunen Uniform auch Badehosen trugen, auf der Plattform.

»Das ist ein großer Tag für euch. Heute könnt ihr vor unserem Führer Adolf Hitler, vor unserem Volk und Vaterland euren Mut beweisen. Heute könnt ihr euer Leben wagen.

Ihr springt in das Wasser, das sehr tief ist.

Ihr werdet untergehen, auftauchen, wieder untergehen und wieder auftauchen, und das viele Male. Wer von euch beim Auftauchen um Hilfe schreit oder wer versucht, das Podest zu erreichen, um sich daran festzuklammern, den tauchen wir so lange unter, bis er nicht mehr schreit. Die Schwimmer dürfen euch erst *dann* rausholen, wenn *ich* den Befehl dazu gebe.

Und noch eins. Sollte einer von euch nach meinem Befehl zum Absprung auch nur eine Sekunde zögern, packen wir ihn, schmeißen ihn ins Wasser und kümmern uns nicht mehr um ihn. Gerhard, du beginnst. Los, tritt an den Rand! Steh stramm!«

Ich, ein Jammerbild, stand stramm, als stünde der Führer leibhaftig vor mir – nein, neben mir, denn *vor* mir war nur das Wasser, vor dem ich mich genauso fürchtete wie vor den Prügeln beim Geländespiel.

Ich erwartete den Befehl zum Absprung. Der Fähnleinführer ließ sich damit jedoch Zeit. Er und die Männer genossen meine Angst. Hier konnte ich mich ihnen nicht entziehen. Kein Reisighaufen bot sich mir zum Versteck an. Hier war ich nackt ihren Befehlen ausgeliefert; daran änderte auch die lächerliche Badehose nichts.

Sekunden wurden zu Stunden.

Endlich: »Absprung!«

Ich sprang.

Das war's.

Ich dachte, der letzte Augenblick meines Lebens sei gekommen.

Ich sank in die Tiefe, meine Augen fest zugekniffen. Meine Füße spürten Grund.

Dann hatte ich das Gefühl, wie in einem Fahrstuhl nach oben gezogen zu werden.

Als ich endlich auftauchte, schrie ich nicht um Hilfe. Vor lauter *Angst* schrie ich nicht um Hilfe, denn da war ja noch der Strohhalm, an den ich mich klammerte: von einem SA-Mann herausgezogen zu werden und auf diese Weise am Leben zu bleiben.

Ich tauchte auf und ich tauchte unter und jedes Mal musste ich in die hämisch lachenden Gesichter der Männer auf dem Podium sehen. Wie oft noch?

Plötzlich packte mich einer, riss mich nach oben, schrie mich an und schlug mich strampelnden und ihn fest umklammernden, vor Angst schlotternden Hitlerjungen so lange und so derb, bis ich mich total erschöpft von ihm ans Ufer schleppen ließ.

Da lag ich nun, mehr tot als lebendig und dachte und empfand gar nichts mehr.

Aus diesem Zustand riss mich der Befehl: »Aufstehen! Stramm stehen! Im Temposchritt dreimal um den See!«

Der Befehlsgeber rannte nicht mit.

Wir Nichtschwimmer rannten allein – rannten für Führer, Volk und Vaterland, bis uns die Zunge zum Hals heraushing, dann marschierten wir im Gleichschritt und Lieder schmetternd heimwärts.

Trotz allem blieb ich ein gläubiger Hitlerjunge – stolz auf meine Uniform, stolz auf meine Fahne und stolz auf unseren Führer.

Was sagte nun mein Pfarrer dazu, meine ›große Liebe‹, an der ich auch durch die Hitlerjugendzeit festhielt?

Er sagte nichts.

Er liebte mich als Hitlerjungen genauso wie vor Jahren den kleinen Buben, der mit großen, erwartungsvollen Augen vor ihm gesessen hatte und den biblischen Geschichten lauschte. Er betete für mich.

Er glaubte, dass mich Gott fest in seiner Hand hielt. Ich habe aus seinem Mund nicht *ein* vorwurfsvolles Wort gehört. Wenn wir uns trafen – und das geschah oft –, erwiderte er meinen Gruß freundlich mit vielen Segenswünschen. Ich hörte ihn noch Fürbitte für mich sprechen, wenn ich schon um die Ecke verschwunden war.

Er betete nicht um Rettung für das ›verlorene Schaf‹, sondern pries Gott und den Heiland Jesus Christus, dessen Liebesopfer mich zum Gotteskind und Himmelsbürger gemacht habe. »Dank, Dank, tausendmal Dank, hoch gelobter Gott, Vater unseres Herrn Jesus Christus, dass du dein Kind Gerhard erlöst und zu deinem Eigentum erwählt hast. Hoch gelobt seist du in Ewigkeit.«

Unser guter Pfarrer Schulze betete eigentlich den ganzen Tag. Er sprach mit Gott, als stünde der neben ihm. Dabei war es ihm gleichgültig, ob er die Straße entlangging oder ob er daheim in seinem Zimmer saß. Er betete. Die Dorfleute hatten sich daran gewöhnt, dass sein Reden mehr ein Beten war.

Für mich begann die Katastrophe am 30. April 1945.

Nichts hatte mein junges Leben bis dahin so massiv erschüttert wie die Nachricht von Hitlers ›Heldentod‹.

Ich war naiv und dumm genug, diese Lüge zu glauben.

Erst im Nachhinein ließ ich mich überzeugen, dass Hitler nicht im Kampf um Deutschland gefallen war, sondern sich durch Selbstmord davongemacht hatte.

Ich trauerte um ihn.

Ich konnte seinen Tod nicht fassen.

Was kam, empfand ich wie den brutalen Abriss aller meiner Lebenswerte.

Vielleicht hast du es irgendwo einmal beobachten können, *wie* eine Abrissfirma Mauern zum Einsturz bringt. Sie verwendet dazu ein schweres, auf ein Fahrzeug montiertes Gerät. An einem langen Kranarm baumelt eine tonnenschwere Stahlbirne. Sie wird zum Schwingen gebracht und knallt schließlich mit voller Wucht so lange gegen die Mauer, bis kein Ziegel mehr am anderen haftet und der ganze Bau nur noch aus Trümmern besteht.

Seit dem 30. April fühlte ich mich wie eine solche Hauswand, die durch eine Abrissbirne zum Einsturz gebracht wird.

Es knallte unaufhörlich auf mich ein:

30. April – Hitlers Tod.

8. Mai – Einmarsch der Russen in unser Dorf.

92

Ein russischer Soldat zertrampelte in meinem Zimmer meine Hitlerbilder und schrie: »Hitler kapuut! Hitler kapuut!«

Ich wurde als Sohn eines ›Nazischweins‹ (so die damals gebräuchliche Ausdrucksform) aus der Oberschule geworfen. Aus der Traum, einmal Förster zu werden.

Wir mussten unsere Wohnung verlassen.

Unser Vater wurde für drei Jahre verschleppt.

Jeden Tag erfuhren wir von neuen Verbrechen Hitlers und seiner Getreuen:

Die Konzentrationslager.

Die versuchte ›Endlösung‹ der Judenfrage.

Die ›Euthanasie‹, eine als ›barmherziges Sterben‹ getarnte Ermordung vieler tausender Menschen.

Das Heil Hitlers bescherte uns die Hölle.

Wir hatten uns mitschuldig gemacht!

Wie war es nur möglich, dass wir ihm blindlings folgten?

»Ich bin der Herr, dein Gott, du sollst keine anderen Götter neben mir haben.« – Ganz gleich, wie sie heißen, welchen Titel sie tragen, welche Macht sie ausüben, welcher Reiz von ihnen ausgeht.

Das Ergebnis ist immer das Gleiche: Das Lebenshaus stürzt letztlich in sich zusammen.

Aber ich bin doch ein *Gotteskind* und ich war es damals schon. Kann Gott zusehen, wenn seine Kinder so in die Irre gehen?

Er kann!

93

Mehr noch! Gott selbst betätigt die Abrissbirne – aber nicht *uns* will er damit zerstören, sondern all das, was wir uns durch unseren verkehrten Sinn selbst aufbauen.

Im gleichen Augenblick, in dem für mich die falschen Werte zu Bruch gingen, bereitete Gott schon den Neuanfang gründlich vor.

Er sorgt für seine Leute!

Frauen werden unsichtbar

»Es ändern sich die Reiche, es ändert sich die Welt.
Doch Gott – er bleibt der Gleiche, der sie in Händen hält.«

Dieser Liedvers bringt meine Erfahrung des Jahres 1945 auf den Punkt.

Ich hatte das Hitlerreich überlebt und fühlte mich doch wie ein Toter. Alles, was mir bisher etwas bedeutet hatte, galt nicht mehr.

»Die Russen kommen!«

Das hörten wir nach jahrelanger nazistischer Propaganda so, als würde dir heute einer sagen: »Dich fressen die Krebszellen auf!« – Du bist ihnen hilflos ausgeliefert.

Propagandaminister Goebbels und seine Männer hatten uns in den glühendsten Farben ausgemalt, dass die Russen alles Lebendige niedermetzelten, egal ob es sich um Katzen oder Menschen handelte.

Uns schlachteten sie jedoch *nicht*, aber alle noch vorhandenen Kühe, Schweine, Hühner, Hasen und Gänse. Sie luden uns dabei sogar zu ihren Mahlzeiten ein.

Dass wir in der Schule wohnten, erzählte ich bereits. Neben dem Lehrerzimmer gab es einen Raum voller Spezialschränke, in denen ungefähr 400 Schmalfilme aufbewahrt wurden.

Die Russen brachen die Schränke auf, rissen die Filme heraus, wussten nichts damit anzufangen, freuten sich aber kindlich, die Zelluloidstreifen wie Papierschlangen durchs Haus zu ziehen und die Räume damit zu schmücken. Ein eher harmloses Vergnügen.

Sie sammelten Uhren.

»Uhri, Uhri!« schreiend stürmten sie in die Häuser. Ob an der Wand ein uralter Regulator hing, auf dem Nachttisch ein Wecker stand oder sich am Handgelenk eine Armbanduhr unter der Manschette verbarg, alles wurde mitgenommen.

»Uhri, Uhri!«

Sie zogen die Uhren auf – meist nur ein einziges Mal, weil ihnen das Gespür dafür fehlte, wann die Feder genug hatte. Ob die Uhren funktionierten, interessierte sie aber gar nicht so sehr. »Uhri« blieb »Uhri«.

Alles harmlos; wenn es denn dabei geblieben wäre.

Die Russen hatten Monate und Jahre an der Front zugebracht, im Dreck gelegen, geblutet und gelitten. Genauso wie die deutschen Soldaten, die teilweise erst viel später zurückkehrten, kannten sie ihre Heimat nur noch aus der Erinnerung, Vater, Mutter, Frau und Kinder vom Foto.

Wer jahrelang Krieg führt, immer mit dem eigenen Tod rechnet, seine Freunde um sich her grausame Tode sterben sieht, Menschen als Feinde niederschießen muss wie Hasen auf der Treibjagd, der verliert jedes Gefühl für Menschlichkeit.

Nach all den Strapazen und Entbehrungen nutzten die Männer das von ihnen besiegte Land als Bordell und missbrauchten Frauen massenweise, ohne jede Rücksicht. Oft wurden sogar Mädchen, die erst andeutungsweise frauliche Formen zeigten brutal geschändet.

Die Mädchen und Frauen flüchteten in die Wälder, wo sie allerdings in fast jedem Fall gefunden wurden. Sie versteckten sich im Heu, im Stroh, unter Dielenbrettern, in Schränken. Aber die Russen kannten sich aus.

Wenn du aus einem Haus den lauten Jubel eines Russen bis auf die Straße hörtest, dann war klar: Er hatte sein Opfer gefunden. Es gab keinen sicheren Platz für die Gejagten.

Oder doch?

Das *Pfarrhaus* wurde von ihnen regelrecht belagert. Die Frauen vertrauten weniger auf den Schutz Gottes als vielmehr auf die starke Persönlichkeit unseres Pfarrers – wohl ahnend, dass *die* eine Frucht seiner engen Gottesbeziehung war.

Im Gemeinderaum, der etwa fünfundzwanzig Leuten Platz bot, drängten sich mehr als vierzig Flüchtige tage- und nächtelang auf Stühlen und auf dem Fußboden.

Auch meine Mutter und meine damals achtzehnjährige Schwester gehörten zu ihnen.

Eigentlich hätte der Weg der Russen sowieso an unserem Dorf vorbei nach Olbernhau und Marienberg geführt. Doch in Sayda hatte ein Unbelehrbarer geglaubt, den Krieg noch zu unseren Gunsten entscheiden zu können. Er schoss einen Panzer fahruntüchtig. Zu diesem Panzer gehörte nicht nur die Besatzung, sondern noch zehn weitere Soldaten, die außen aufsaßen und mitfuhren. Die Reparatur des Panzers dauerte eine knappe Woche, für die müden Krieger eine willkommene Erholungspause. Sie feierten fünf Tage lang ihren Sieg, schlachteten ein paar Schweine, soffen literweise Schnaps, und suchten, da sich nicht genug Frauen freiwillig bei ihnen einfanden, sich ihre Beute in den Häusern.

Unser Pfarrer legte in dieser Woche seinen Talar kaum ab. Tag und Nacht blieb er auf den Beinen und wanderte im Hausflur zwischen dem Gemeinderaum und der Haustür hin und her. Auch zeigte er sich in seiner Amtstracht des Öfteren *vor* dem Haus und lief die 20 Meter auf dem schmalen Kiesweg bis zur Straße und zurück.

Ich blieb stundenlang bei ihm.

Während wir wanderten, betete er.

»Treuer Heiland. Ehre sei dir und dem Vater und dem Heiligen Geist. Alle diese Frauen und Mädchen hier im Haus stehen unter deinem Schutz. Bedecke sie mit deinen Flügeln und mache sie unsichtbar für die Augen der Ärmsten, der Verblendeten, der vom Teufel missbrauchten göttlichen Geschöpfe, unserer Brüder im Herrn aus Russland, damit sie sich nicht versündigen an denen, die du, heiliger Gott, in Schönheit und Reinheit zu deiner Ehre geschaffen hast ...«

Unaufhörlich pries unser Pfarrer Gott, fest glaubend, dass dem Allmächtigen nichts unmöglich sei.

Bei aller Angst, die ich hatte, fühlte ich mich an der Seite dieses ungewöhnlichen Mannes doch geborgen.

Ich spürte: Ihm waren seine Lebenswerte *nicht* weggebrochen und *nicht* zerschlagen. *Ihm* war alles geblieben. Gott war derselbe wie eh und je. Wie es in einem alten Lied heißt: »Wer Gott vertraut, hat wohl gebaut, wird ewig bleiben, Halleluja.«

Ich sollte nicht nur fühlen und erahnen, dass das zutrifft; ich sollte es erleben.

Im Oberdorf, 5 Minuten von der Kirche entfernt, waren sechs russische Soldaten in ein Haus eingedrungen, hatten im Keller ein sechzehnjähriges Mädchen in seinem Versteck gefunden und an Ort und Stelle brutal vergewaltigt. Das Mädchen schrie und die Mutter musste mit ansehen, wie ihr Kind gequält wurde.

Als sich der dritte Soldat an ihm vergehen wollte, schrie sie: »Lauft doch weiter runter ins Dorf, in das Haus neben der Kirche. Dort findet ihr Frauen, so viele ihr nur wollt!«

Das schienen sie verstanden zu haben. Sie ließen von dem geschundenen Mädchen ab und machten sich auf den Weg, diesen Harem zu finden. Angetrunken, schreiend und mit vor Gier glühenden Augen stürmten sie auf das Pfarrhaus zu.

Unser Pfarrer sah sie schon von weitem kommen. Er wiederholte beständig laut rufend den Namen Jesus und postierte sich in die offene Haustür.

Ich verbarg mich zitternd hinter ihm.

Als die vier Russen unmittelbar vor uns standen und den Pfarrer mit ihren Gewehrkolben wegdrängen wollten, schlug er sehr auffällig über ihnen das Kreuz und rief: »Gottes Friede sei mit euch!«

Ich glaube kaum, dass sie das verstanden. Tatsache ist jedoch, dass sie nicht zuschlugen, sondern schrien: »Weg da! Wo Frauen? Gib her!«

Unser Pfarrer blieb ganz ruhig, wich keinen Zentimeter zur Seite, segnete aber die Soldaten in einem fort.

»Du, geh weg! Wir wollen Frauen, viele Frauen!«

»In diesem Haus wohnt Gott. Hier geschieht keine Sünde. Satan darf euch nichts antun, meine Brüder. Die Kraft des Blutes Jesu bewahrt euch vor allem Übel.«

Nach dieser Erklärung, die sicherlich wiederum von keinem verstanden wurde – es sei denn, Gott hätte das Sprachenwunder von Pfingsten wiederholt –, gab unser Pfarrer die Tür frei, ging voran ins Haus und öffnete alle Türen; die seines Amtszimmers, die des Archivs und die des Gemeinderaums.

Die Frauen saßen, standen oder lagen starr vor Schrecken, das Schlimmste erwartend. Die Russen stürmten hinein, sahen sich um; ihre Augen suchten – aber sie fanden nichts.

Ich konnte es nicht fassen. *Ich* sah die Frauen sehr genau. Keine schrie. Sie wagten kaum zu atmen.

Die Russen kehrten um, verließen den Raum und gingen still und unseren Pfarrer ehrfürchtig grüßend aus dem Haus. Ob und was sie gesehen oder auch nicht gesehen hatten, weiß ich nicht.

Ob du es glaubst oder nicht: Genau so war es!

Einen Tag später wiederholte sich die Situation; nur trug unser Pfarrer diesmal keinen Talar, sondern den Lutherrock, ein ehrwürdiges Kleidungsstück, das bis zu den Schenkeln reichte und oben mit einem kleinen Stehkragen versehen war.

Da es heiß war wie im Hochsommer, hatte er ihn aufgeknöpft. So wurde die goldene Uhrenkette mit der Taschenuhr, einem Erbstück seines Vaters, sichtbar.

Er betete wieder unaufhörlich. Die Frauen zitterten und ich mit ihnen.

Die Russen kamen diesmal nur zu zweit. Sie schrien schon von der Straße aus: »Du viele Frauen! Gib her!«

Die Vorfreude auf den zu erwartenden Genuss stand ihnen ins Gesicht geschrieben.

Als sie uns erreicht hatten und unser Pfarrer sie unaufhaltsam segnete, entdeckte der eine die Uhr. Mit einem schnellen Griff riss er die Kette aus dem Knopfloch und die Uhr aus der Tasche und wollte sie einstecken. Doch im selben Augenblick schnellte des Pfarrers Hand vor und entriss ihm die Uhr samt der Kette. »Du sollst nicht stehlen!«

Der Russe war sprachlos.

Da hörte ich unseren Pfarrer mit gleicher Donnerstimme sagen: »Aber ich schenke sie dir!«

Damit drückte er dem völlig fassungslosen Soldaten die Uhr wieder in die Hand.

Vor Schreck vergaßen wohl die beiden Russen, weshalb sie eigentlich hierher gekommen waren. Sie machten kehrt und verschwanden.

Von dem Augenblick an hat kein russischer Soldat wieder versucht, ins Pfarrhaus einzudringen.

Als der Panzer endlich repariert war und davonrollte, verließen die Frauen ihr Versteck und kehrten nach Hause zurück. Gott hatte sie beschützt.

Seitdem sind etliche Jahre vergangen.

Das Gotteswunder im Heidersdorfer Pfarrhaus hat mein weiteres Leben geprägt, allerdings nicht so, dass ich von dem Augenblick an unerschütterlich glaubte und nie wieder zweifelte.

Ich hatte die erste Lektion Gottes nach der Katastrophe vom 30. April 1945 verstanden. Alles, was mir bisher etwas bedeutet hatte, lag in Trümmern – doch Gott war bei mir geblieben.

Über diese Tatsache und Erkenntnis hätte ich ja nun eigentlich jubeln und ein vieltausendfaches Halleluja singen sollen.

Doch Pustekuchen.

Ich fügte den Klagepsalmen der Bibel noch einen hinzu und der hörte sich etwa so an: »In Ordnung Gott, du hast Hitler überlebt, du hast den Krieg überlebt; du bist von jeher der Überlegene. Du hast mir deine Macht gezeigt. Aber was nützt mir das, wenn *mein* Leben so kaputt bleibt, wie es jetzt ist, und ich nichts davon merke, dass du dich für *mich* einsetzt? Das Abitur ist passee, weil sie mich von der Oberschule ausgeschlossen haben. Mein Wunschberuf ist passee, weil ich ohne das Abitur auf der Forstakademie nicht studieren darf. Gott, ich bin sauer!«

Wer überleben wollte, musste sich rühren.

Kartoffeln ›stoppeln‹, Ähren lesen, Hamsterfahrten in die Nachbardörfer unternehmen, ein neues Unterhemd gegen ein Pfund Kartoffeln eintauschen, Reisig sammeln, im Handwagen heimfahren und hacken, Stöcke roden und spalten, Kohlendreck am Güterbahnhof zusammenkehren und in Säcken heimbringen – *das* füllte unser Leben aus.

Geld bekamen wir keins.

Von Arbeitslosengeld oder Sozialhilfe konnte keine Rede sein. Der ›Staat‹ existierte zunächst überhaupt nicht.

Ein Freund meines Vaters besorgte uns Heimarbeit. Tausendstückweise malten wir gestanzte Haustiere an, das erste Nachkriegsspielzeug für die übrig gebliebenen Kinder.

Da der Strom häufig ausfiel, nutzten wir die hellen Mondnächte, hockten in Fensternähe, leimten und pinselten bis tief in die Nacht. Die Frauen nähten. ›Aus Alt mach Neu‹ hieß die Devise.

In Ermangelung von Socken oder Strümpfen trugen wir Fußlappen, statt Lederschuhen Holzpantinen.

Aus Hemden wurden die verlängerten Rückenteile herausgeschnitten und durch alte Stoffreste ersetzt, damit aus dem so gewonnenen Hemdstoff der zerschlissene Kragen erneuert werden konnte. Aus Militärzeltplanen entstanden Hosen und Jacken.

In leeren Tablettenröhrchen gossen wir aus Wachsresten neue Kerzen.

Unsere Familie musste die Schulwohnung räumen und ins Pfarrhaus ziehen. Die Nähe meines ›Freundes‹ tat mir gut.

Trotzdem spielte ich vor Gott die gekränkte Leberwurst. Er hatte seine Wunderkraft gezeigt und die Frauen des Dorfes in der Gefahr beschützt. Ich gönnte es ihnen. Aber warum setzte sich Gott nicht genauso schlagkräftig für *mich* ein?

Stattdessen quälte mich zusätzlich zu allen Übeln eine zehn Zentimeter lange Halswunde, die von einer entzündeten Drüse herrührte und ein halbes Jahr eiterte.

Vier Lehrstellen, die mir von Handwerksmeistern aus Sympathie zu meinem Vater angeboten wurden, blockierte das Arbeitsamt, immer mit der gleichen Begründung: »Du bist der Sohn eines Nazis!«

104

Ich konnte in dem allen beim besten Willen nicht die Fürsorge Gottes erkennen, sondern fühlte mich von ihm im Stich gelassen. Er aber hatte Geduld mit mir und lehrte mich die nächste Lektion:

Gott kommt durch die Wand

»Gerhard, du fängst am Montag in meinem Betrieb als Hilfsarbeiter an.«

»Das wäre eine gute Sache, doch das Arbeitsamt bewilligt es nicht.«

»Auf dessen Erlaubnis pfeife ich. Ich stelle ein, wen *ich* will! Du beginnst mit einem Stundenlohn von 50 Pfennigen; nach und nach wird der aufgestockt.«

Der Mann, der so freundlich zu mir sprach, war Herr Albert Seipt, Besitzer einer kleinen Holzfabrik in Heidersdorf.

Er hatte nie der NSDAP angehört und wurde deshalb nach dem Krieg von den Kommunisten nicht enteignet, obwohl die das rote Banner sehr gern auch auf *seiner* Fabrik gehisst hätten, denn für sie war *jeder* Unternehmer, *jeder* Großgrundbesitzer ein ›Ausbeuter‹.

Für mich wurde dieser kleine, rundliche, gütige Mann, den ich als Freund meines Vaters und als treuen Gottesdienstbesucher kannte, genauso wichtig wie mein Pfarrer und die wunderbaren Gotteserfahrungen beim Einmarsch der Russen in unser Dorf.

Einziges Fahrzeug in Seipts Fabrik war ein ›Wagen‹, der aus vier hölzernen Speichenrädern mit aufgelegten Brettern bestand und von geborgten Ochsen gezogen wurde. Auf ihm transportierten wir das zu verarbeitende Holz von der Bahnrampe zu unserem Fabrikgelände.

Die Russen schickten uns waggonweise Birkenstämme, die wir in Holznägel zerkleinerten, mit denen dann Ledersohlen an Soldatenstiefeln befestigt wurden. Tonnenweise!

Die dazu benötigten Maschinen baute unser Chef in der eigenen Schlosserei selbst, obwohl er nie Maschinenbau oder dergleichen gelernt hatte.

Angetrieben wurden unsere Maschinen durch eine Wasserturbine, deren Kraft viele Transmissionsriemen bis an unseren Arbeitsplatz übertrugen. Diese Turbine versorgte uns zusätzlich mit dem nötigen Strom für die Beleuchtung, was bei der nur langsam in Gang kommenden Energieversorgung durch den Staat einen echten Segen bedeutete.

Dazu kam als Alternative eine Dampfmaschine, die – mit Holzabfällen gefüttert – den Betrieb auch dann in Schwung hielt, wenn der Fluss Flöha zu wenig Wasser führte, um die Turbine anzutreiben.

Turbine und Dampfmaschine waren ebenso wie die übrigen Maschinen Marke ›Eigenbau‹.

Albert Seipt stellte einen jungen Kraftfahrzeugschlosser ein. Doch wozu sollte der gut sein, wenn es gar kein Kraftfahrzeug gab? Er sollte eins bauen – egal wie.

Egon – so hieß der Pfiffikus – suchte sich aus den am Straßenrand liegen gebliebenen Militär-

107

fahrzeugen deutscher und russischer Bauart alles Nötige zusammen und konstruierte ein Kettenfahrzeug (Reifen gab es zu der Zeit keine), angetrieben durch einen Holzvergaser. Spitzengeschwindigkeit des Gefährts waren stolze 8 km/h.

Mit diesem Ungetüm unternahm unser Chef Überlandfahrten, tauschte Holz in Mehl, Haferflocken, Gemüse und Öl, und kehrte oft erst nach Tagen wieder heim. Dann gings ans Verteilen. Es bekam jeder nach der Personenzahl seiner Familie das Gleiche und der Chef selbst behielt für sich nicht ein Gramm mehr.

Auf die Weise rettete uns dieser ›Ausbeuter‹ über die miesesten Jahre, obwohl er dabei Kopf und Kragen riskierte.

Früh um 6.30 Uhr läutete eine Glocke zum Arbeitsbeginn. Unser Chef betrat einen der Maschinensäle.

Er ging auf einen Arbeiter zu. »Kurt, wie geht es deiner Frau?«

»Heute früh ging es ihr wieder gar nicht gut. Sie hat schlecht geschlafen und fühlte sich elend.«

»Vielleicht hilft ihr eine Überraschung auf die Beine. Geh nach Hause und mach dir mit deiner Frau einen schönen Tag.«

»Das geht nicht, Chef. Ich habe keinen Urlaub mehr zu kriegen und unbezahlte Tage kann ich mir nicht leisten.«

»Wer redet denn von Urlaub oder unbezahlten Tagen. *Ich* schicke dich heim und du kriegst den Tag voll bezahlt. Du hast mir zu gehorchen, denn ich bin dein Chef. Mach, dass du heimkommst!«

»Chef, das geht wirklich nicht. Morgen holen die Russen die Lieferung für das zweite Quartal. Ich muss heute noch die letzten 3 Zentner Holzstifte stanzen. Die Maschine muss laufen!«

»Sie wird laufen. Mach dir darum keine Sorgen. Ich kann doch auch mal einen Tag hier stehen und arbeiten. Du tust mir einen Gefallen, wenn ich heute den Schreibtisch mit der Maschine vertauschen muss. Sag deiner Frau einen Gruß von mir. Ich würde ihr zwar keine Blumen schenken, aber für einen Tag ihren Mann.«

Kurt konnte es nicht fassen.

Am nächsten Tag erzählte er glücklich, wie die Überraschung gelungen war und wie sie den Tag miteinander genutzt hatten.

Der ›Ausbeuter‹ strotzte von Einfällen, seinen Leuten Gutes zu tun.

Mich rief er jeden Mittwoch in seine Wohnung. Dort stellte seine Frau einen Halblitertopf Schafsbuttermilch vor mich hin, die ich mit Genuss trank. Du kannst dir nicht vorstellen, was das in damaliger Zeit bedeutete.

Es fiele mir nicht schwer, dir noch seitenweise von ihm zu erzählen. Ich lasse es aber genug sein. Auf jeden Fall hat mir dieser Mann durch seine Art wesentlich dazu geholfen, Gott in meinem Leben wieder zu finden und zu begreifen.

109

Ich hatte nach dem Kriegsende zwar verstanden, dass Gott nicht mit untergegangen war, aber ich fühlte mich von ihm allein gelassen. Gott machte keine Anstalten, mir zu *dem* zu verhelfen, worauf ich mich festgelegt hatte.

Mein Glaubensbekenntnis hieß: »Herr, tue mir, was ich will!«

Herr Seipt formulierte genau umgekehrt: »Herr, lass *mich* tun, was *du* willst.«

Er ließ sich von Gott Schritt für Schritt führen. Trotzdem hatte er auch eigene Pläne und Ziele. Aber wenn er merkte, dass die nicht trugen, war er immer bereit umzudenken und umzuplanen, und vertraute Gott, dass er ihm weiterhelfen würde.

Einmal habe ich es miterlebt.

An einem arbeitsfreien Sonnabend (so etwas gab es damals auch nur bei der Firma Seipt) bestellte mich der Chef zu sich. Das war so ungewöhnlich, dass ich schon Schlimmes ahnte.

Er saß im Büro und hielt den Kopf in seine Hände gestützt. Als ich zur Tür hereintrat, stand er auf und kam auf mich zu.

»Gerhard, hat sich in letzter Zeit einmal jemand deine Maschine sehr intensiv angesehen?«

Herr Seipt hatte mir vor einem Jahr die große Doppelstanze für die Holznägel anvertraut.

Ich überlegte.

»Ja, vor ein paar Wochen haben die beiden russischen Kraftfahrer lange neben mir gestanden und mich bei der Arbeit beobachtet. Sie sprachen sehr

gut Deutsch und haben mich auch manches ge-
fragt.«

»Ich mache dir keinen Vorwurf. In unserem Betrieb darf sich jeder frei bewegen. Wir haben
nichts zu verbergen. Aber du musst es wissen. Das
waren keine einfachen Kraftfahrer, sondern Inge-
nieure. Unsere Maschine gibt es jetzt auch in einer
Fabrik bei Moskau. Die Russen haben alle Bestel-
lungen bei uns abgesagt. Sie fertigen die Nägel
jetzt in eigener Produktion.«

Ich war fassungslos.

Herr Seipt lief im Büro aufgeregt hin und her.

Plötzlich setzte er sich, stützte seinen Kopf wieder in seine Hände und blieb eine Weile stumm.

Dann fuhr er fort: »Es ist zum Verrücktwerden;
aber Beten bringt mehr. Gerhard, weißt du, was
das für uns alle heißt? Ich muss in wenigen Tagen
eine neue Produktionsidee haben, die dafür nötigen Maschinen entwerfen und bauen und das, was
wir herstellen, auch an den Mann bringen. Ein
bisschen viel auf einmal. Aber ich kann euch doch
nicht alle auf die Straße setzen.«

Ich ahnte, was in dem Mann vorging.

Er verabschiedete mich freundlich.

»Es ist nicht *dein* Problem. Du hast deine eigenen Sorgen. Gott wird uns beiden helfen.«

Ich an seiner Stelle hätte anders reagiert. Gott
hätte von mir etwas zu hören bekommen und das
hätte in etwa so geklungen:

»Da setze ich mich nun für so viele Leute ein und
versuche, sie über diese schweren Jahre zu brin-

111

gen. Und was tust du, Gott? Du fällst mir glatt in den Rücken. Du hättest diese Spionage verhindern können; nein, du hättest sie verhindern *müssen*!«

Welchen Nutzen brachte mir der ständige Aufstand gegen Gott, in den ich mich verrannt hatte? Keinen!

Herr Seipt belehrte mich, dass sein Weg tatsächlich der bessere war.

In wenigen Wochen stellte er eine neue Produktion auf die Beine. Wir stellten nun hölzerne Spezialteile für künstliche Gelenke, Eislöffel und Runstäbe für Quirle her. Er muss Tag und Nacht gearbeitet haben. Doch wir merkten es ihm nicht an.

Nach und nach wurde mir klar, dass Gott längst in *mein* Leben eingegriffen hatte, auch wenn er mir nicht zum Abitur verhalf.

Es war ein Segen Gottes, dass zu der Zeit, in der wir unsere Schulwohnung räumen mussten, im Pfarrhaus eine kleine Wohnung leer stand.

Es war ein Segen Gottes, dass Herr Seipt mich gegen den Willen des Arbeitsamtes in seinem Betrieb einstellte.

Ein Freund meinte: »Es ist auch ein Segen Gottes, dass er dir mit Hilfe des Arbeitsamtes die vier Lehrstellen verbaut hat.«

Das schien mir nun aber doch zu weit zu gehen.

Ich schnauzte ihn an: »Bleib auf dem Teppich,

112

du Idiot. Eine Lehrstelle hätte mir das Leben gerettet. Stattdessen verkomme ich zwischen Keilriemen und Maschinenöl.«

Der Freund blieb gelassen: »Gott weiß es besser!«

Damit ließ er mich stehen.

Noch immer stufte ich die Jahre bei der Firma Seipt für mich als verlorene Zeit ein. Es war sehr freundlich von Herrn Seipt, mir in seinem Betrieb Arbeit und Brot zu geben. Aber für die Zukunft würde das nichts bringen. Wie täuschte ich mich!

Alle handwerklichen Fähigkeiten, die ich später im Reisedienst als Artistenpfarrer mit einem umfangreichen Fuhrpark von Zirkus zu Zirkus brauchte, erwarb ich bei der Firma Seipt. Doch zunächst erkannte ich in meinem Hilfsarbeiterdasein keinen Sinn.

Gott hatte Geduld mit mir.

Schließlich ging ich sogar recht gern zur Arbeit. Dazu trug ganz wesentlich das gute Betriebsklima bei. Kein Wunder bei *diesem* Chef. Die Frauen und Männer der Belegschaft erwiesen mir viel Gutes. Für sie war ich der Lehrerjunge, dem man gern helfen wollte, mit der ungewohnten Situation zurechtzukommen. Noch heute denke ich dankbar an sie zurück.

Max Preißler, ein älterer Arbeitskollege, der sich in besonders geduldiger Weise meiner handwerklichen Ungeschicklichkeit annahm, brachte es sogar fertig, mir den Geruch der verschiedenen

Holzarten beizubringen. Er schnitt ein Brett frisch an, ließ mich riechen und erklärte:

»So riecht Eiche.«

»So riecht Fichte.«

»So riecht Buche.«

Nach sechs Monaten ›Lehrzeit‹ beherrschte ich das Kunststück des Hölzerriechens perfekt.

Auch der tägliche Arbeitsweg vom Oberdorf ins Niederdorf ist mir in guter Erinnerung geblieben.

Pünktlich um 5.45 Uhr traf ich an der Weggabelung zum Forsthaus Hartmann Reichel einen anderen Mitarbeiter der Seiptschen Belegschaft und dann wanderten wir eine Dreiviertelstunde gemeinsam durch den Wald bis zur Fabrik in die Eisenzeche – morgens hin, abends zurück. Wir eilten diesen Weg nicht entlang; wir nutzten ihn zur Erholung. Die frische Luft, das Zwitschern der Vögel, die Hasen und Rehe, die uns schon zu erwarten schienen, die Gräser, Blumen, Sträucher und Bäume genossen wir in ihrer Vielfalt und jahreszeitlichen Unterschiedlichkeit. Wir hätten den Weg nicht missen wollen.

Damals sah ich keinen Grund, mich bei Gott dafür zu bedanken. Ich habe es aber nachgeholt.

Es war am 27. Juli 1948, vormittags um 10 Uhr.

Ursel Frohs, Büroangestellte unseres Betriebes, kam zu mir an meine Maschine.

»Gerhard, stell die Stanze ab und pack deine Sachen. Du sollst deinen Vater in Sayda abholen. Er kommt heim. Der Chef gibt dir für heute und morgen frei.«

Die Nachricht traf mich so überraschend wie einen, der seit Monaten todkrank in der Klinik liegt und dem der Arzt zur Morgenvisite erklärt: »Sie sind geheilt und können heimgehen.« Ich konnte es einfach nicht glauben.

Mein Vater war seit drei Jahren verschollen. Ob sie ihn erschlagen, erschossen oder nach Sibirien verschleppt hatten, wussten wir nicht. Plötzlich sollte ich ihn vom Bahnhof abholen!

Diesmal brauchte ich für den Heimweg keine Dreiviertelstunde. Meine Mutter fand ich daheim in einem erbärmlichen Zustand vor. Die Aufregung hatte bei ihr eine schreckliche Migräne ausgelöst. Sie war nicht dazu in der Lage, mit mir nach Sayda zu laufen.

Mein Vater hatte uns ausrichten lassen, wir sollten nicht bis zum Bahnhof kommen, sondern ihn vor der Stadt erwarten.

Es war so weit.

Mir kam ein vor Schwäche zitternder, ausgehungerter Mann entgegen. Kaum konnte ich in dieser Gestalt meinen Vater erkennen.

Wir fielen uns in die Arme, fanden keine Worte – die brauchten wir aber auch nicht.

Seine erste Frage galt Mutti.

»Sie hat Migräne und erwartet dich daheim.«

Ohne alle weitere Begrüßung oder Fragen kam mein Vater zur Hauptsache: »Mein Junge, entscheide dich nie gegen den Willen Gottes, auch dann nicht, wenn er dir Schweres zumutet und du meinst, es nicht zu schaffen. Gott geht nur seinen Weg mit dir; die selbst gewählten Wege musst du allein gehen. Wohin sie führen, haben ich und ihr durch meine Schuld zu spüren bekommen.«

Das war die Summe seiner Erkenntnis aus den Ereignissen der letzten Jahre.

Die Partei hatte meinen Vater vor die Alternative gestellt: Er sollte entweder den Kantorendienst in der Kirche aufgeben und dafür in Heidersdorf Lehrer und Schulleiter bleiben dürfen, oder am Kantorendienst festhalten und zur Strafe nach Polen versetzt werden.

Mein Vater hatte sich schweren Herzens für die Kündigung seines Kantorendienstes entschieden. Wie hat er diesen Schritt bereut!

Die Nazis, denen er zu Willen gewesen war, gab es schon bald nicht mehr. Von heute auf morgen wurden sie hinweggefegt wie Spreu im Wind. Was blieb ihm nun? Nichts!

Er verlor seine Freiheit und durchlitt drei schreckliche Jahre im Zuchthaus. Er verlor seine Familie, zu der er in diesen Jahren nicht den geringsten Kontakt aufnehmen durfte.

Er verlor seinen Beruf, den er so sehr liebte.

Ihm blieb nichts als das nackte Leben und um das musste er drei Jahre lang mit einer täglichen Ration Graupensuppe und ohne ärztliche Hilfe bei einer schweren Gürtelrose kämpfen.

Aber so hart die drei Jahre für uns alle waren,

wir erlebten doch durch sie Gottes wunderbare Gnade. Wir erkannten und bekannten unsere Schuld und er ermöglichte uns den neuen Anfang.

Mein Vater kam frei. Wir waren wieder eine Familie. Wir hatten ein neues Zuhause. Ich verdiente das nötige Geld. Meine Schwester bekam eine Arbeitsstelle in einer Leipziger Buchhandlung. Unser Leben kam allmählich wieder ins rechte Gleis.

Ich bedankte mich bei Gott.

»Lieber Gott! Nun brauche ich zum Glücklichsein nur noch das Abitur, dann ist alles in bester Ordnung.«

Aber auf *dem* Ohr hörte Gott nicht. Warum auch? Sein guter Plan für mich war längst beschlossene Sache.

Ein Freund – übrigens derselbe, den ich ›Idiot‹ geschimpft hatte – holte mich ab. Die Kirchengemeinde Seiffen veranstaltete eine Jugendwoche. Widerwillig kam ich mit. Es gab kaum noch einen freien Platz in der Kirche, so viele Jugendliche waren der Einladung gefolgt. Ich setzte mich ganz nach oben auf die dritte Empore. Der Prediger war aus Berlin angereist und hieß Herr Fels. Er sah auch aus wie ein Fels, groß und kräftig; seine Stimme klang wie Donnergrollen zwischen Felsen; und seine Botschaft stellte uns allesamt *auf* den Felsen von Gottes Wort. Er nahm kein Blatt vor den Mund. Er sprach Themen an, über die sonst kaum einer öffentlich sprach.

117

»Wir Alten haben den Krieg und seine schrecklichen Folgen verschuldet, aber viele von euch jungen Leuten werden dafür bestraft. Für euch scheint es keine Perspektive, keine Zukunft zu geben. Die Männer, die uns jetzt regieren, haben beschlossen, die Kinder von ehemaligen Angehörigen der Nazi-Partei samt ihren Eltern auf der Müllkippe der Geschichte abzuladen. Das nennt man ›Sippenhaft‹, und die ist eine Schande für unser Volk!

Ich aber sage euch: Gott duldet dieses Unrecht nicht. Er kennt euch! Er liebt euch! Er sorgt für euch und er fragt niemanden, ob er das darf.

Gott ermöglicht euch ein erfülltes Leben!

Gott braucht euch in seinem Reich. Er braucht Mitarbeiter, die nach diesem schrecklichen Inferno die gute Nachricht seiner Erlösung und Heilung bekannt machen. Er braucht Pfarrer und Diakone. Er braucht dich!

Einzige Voraussetzung für solche Mitarbeit ist deine persönliche Entscheidung für Jesus Christus.«

Als er das sagte, erlebte ich es so wie die Menschen am Pfingsttag während der Predigt des Petrus: »Es durchschnitt ihnen ihr Herz.« Gott hatte auch bei mir ins Schwarze getroffen – mitten ins Herz. Es gab keinen Zweifel. Diese Predigt enthielt für *mich* Gottes klare Berufung zum Diakon.

Ich will dir in einem Bild beschreiben, was ich empfand. Drei Jahre lang hatte ich mich gefangen gefühlt wie in einem Raum, der viele Türen nach außen hat, die aber alle verschlossen sind. Ich konnte daran rütteln, mit den Füßen dagegentreten, sie mit meinen Fäusten bearbeiten; sie ließen sich nicht öffnen. Meine Schulfreunde hatten längst ihre Lehre abgeschlossen. Ich aber *war* nichts; ich *brachte* nichts; ich *durfte* nichts. Die Arbeitsmöglichkeit bei Seipt hatte mich nicht nach draußen geführt. Ich empfand sie im Höchstfall als eine Ablenkung, die mir half, in meinem Gefängnis nicht dauernd auf die verschlossenen Türen zu starren. Plötzlich, buchstäblich wie der Blitz aus heiterem Himmel, öffnete sich die *Wand*. Ja, du hast richtig gelesen: die *Wand*, keine Tür. Genauso empfand ich es.

Gott hatte für mich nicht die Öffnung einer der Türen erzwungen, auf die ich gestarrt hatte, er öffnete die *Wand!* Er zeigte mir Lebensmöglichkeiten, an die ich bisher noch nicht mal im Traum gedacht hatte. Welch ein Gott!

Die Entscheidung war getroffen: Ich werde Diakon.

Als ich das am nächsten Tag meinem Pfarrer erzählte, pries er voller Freude Gott. »Abba, du lieber Vater, nun hast du es meinem Mitbruder offenbart. Er hat deinen Ruf gehört: ›Folge mir nach. Und wo ich bin, da soll mein Diener auch sein.‹ O Heiland, deine Treue ist groß. Halleluja!«

Unser guter Pfarrer Schulze hatte nie daran gezweifelt, dass mich Gott fest an seiner Hand hielt.

Das von ihm ins Gebet eingebrachte Jesuswort aus Johannes 12,26 wurde mir fünf Jahre später bei meiner Einsegnung in das Diakonenamt nochmals von unserem Moritzburger Rektor Schumann als Leitvers für meinen Dienst zugesprochen und hängt seitdem über meinem Schreibtisch.

Mir hätte nichts Besseres widerfahren können als diese Berufung. Der Freund hatte Recht gehabt: Gott weiß es besser.

So lehrte mich Gott die zweite Lektion.

Es folgten bis heute noch ungezählte, einfach deshalb, weil mir Gott vieles dreimal, viermal und öfter erklären muss.

Auf mich trifft oft die Frage Jesu zu, mit der er seine Jünger tadelte (Markus 8,17-21): »Begreift ihr denn noch immer nicht?«

Doch das Eine ist mir seit damals nicht wieder abhanden gekommen: Die Gewissheit, dass trotz meiner Schwankungen im Glauben Gott mit mir Geduld behält und mich ins Ziel bringt. Er gibt mich nicht auf.

Das gilt auch für dich!

Das Bügelkomplott

Während meiner Moritzburger Diakonenausbildung wurde ich mit zwei anderen ›Brüdern‹ zusammen als Praktikant nach Leipzig ins Diakonissenkrankenhaus geschickt. Wir sollten als Hilfspfleger arbeiten und dabei viel lernen.

Zum Krankenhaus gehörten auch das Mutterhaus der Diakonissen und eine Schwesternschule.

Die Schülerinnen waren vorsorglich im Haus der Diakonissen untergebracht, das im Erdgeschoss neben dem Kirchsaal auch einer ›Pforte‹ Platz bot, in der wir uns ständig ab- bzw. anmelden mussten. Jeden Abend traf sich hier im Mutterhaus die ganze Schwesternschaft – und ab sofort auch wir Brüder – zur Andacht.

Diakonissen sind fast ausnahmslos liebevolle, fleißige und zu Opfern bereite Menschen. Unser Praktikum in ihrem Haus hat sich sehr gelohnt.

Trotzdem: Liebe, Fleiß, Ordnung und eine echte, tiefe Frömmigkeit können nicht verhindern, dass es mitunter sehr wunderlich zugeht.

Die Mutter Oberin hatte in großem Verantwortungsbewusstsein die Schülerinnen (30 Mädchen zwischen 16 und 22 Jahren) auf unser Erscheinen vorbereitet.

»Es werden drei Moritzburger Diakonenschüler in unserem Krankenhaus ihr Praktikum absolvieren. Ich hoffe, Ihnen ist es bewusst, welche Disziplin Ihrerseits nötig ist, um die jungen Männer nicht in Gefahr zu bringen, sie aber auch nicht in Versuchung zu führen. Keuschheit ist das oberste Gebot. Keine Kontakte, keine Gespräche, keine Blicke!

Im Park ist eine Bank mit dem Schild versehen worden: ›NUR FÜR BRÜDER‹. Diese Bank ist also für Sie ab sofort tabu! Ich denke, wir haben uns verstanden.«

An unserem Anreisetag hatten wir kaum die Koffer abgestellt, da wurden wir schon zur Frau Oberin gerufen. Ihre Begrüßung war herzlich und ehrlich.

Was dann kam, war auch ehrlich – nur hatten wir dabei Mühe, uns nicht vor Lachen zu verschlucken.

»Brüder! Es wohnen in diesem Haus 30 Schülerinnen, die wollen Krankenschwester werden, später vielleicht auch einmal Diakonisse. Ich erwarte von Ihnen, dass Sie die Mädchen am besten gar nicht zur Kenntnis nehmen. Sie sind da; aber sie sind nicht da!

Im Garten wurde eine Bank extra für Sie drei Brüder reserviert, damit Sie sich an der frischen Luft ungestört erholen können.

Unser Kirchsaal ist für unsere große Hausgemeinde zu klein und darum auch zu eng. Sie werden an unseren Andachten trotzdem teilnehmen. Damit Sie sich aber keinesfalls mit den Schwestern auf Tuchfühlung setzen müssen, wird auch da eine Bank für Sie freigehalten. Haben Sie noch Fragen?«

Nein, nach dieser Begrüßung nicht mehr. Ihre Rede hatte uns glatt erschlagen – zumindest für die nächsten fünf Minuten.

Kaum waren wir in unserem Zimmer angelangt, schmiedeten wir Pläne, wie wir unbemerkt an die Mädchen herankommen konnten. Im Grunde waren wir alle drei harmlos und schüchtern. Aber die Mutter Oberin hatte uns ungewollt provoziert.

Uns war klar, dass die Mädchen ebenfalls etwas aussheckten. Wie staunten wir aber am nächsten Morgen, als wir vor sechs Uhr auf unsere Stationen zur Arbeit gingen. Die Schülerinnen kamen auch, soweit sie keinen Unterricht hatten. Aber sie sahen uns gar nicht. Sie guckten weg. Sie erwiderten keinen Gruß. Wir waren für sie Luft!

Nicht zu fassen.

Ich hatte dafür eine meinem Temperament entsprechende Erklärung. »Die armen Mädchen sind schon Monate oder gar Jahre hier. Das wirkt sich aus. Sie sind nicht mehr normal. Ihre Gefühle wurden ihnen verstümmelt. Ich werde sofort zur Oberin gehen und Anklage wegen schwerster Seelenverletzung erheben.«

Meine beiden Mitbrüder hielten mich zum Glück davon ab.

Armin sah das klarer.

123

»Die sehen nicht aus, als ließen sie sich einfach verstümmeln. Die wollen uns nur reinlegen.«

Er hatte Recht.

Wir fanden das Gegenmittel: Wir packten sie bei ihrer Eitelkeit.

Meine Schwester wohnte in Leipzig. In meinen Freistunden besuchte ich sie öfter. Das erzählte ich auf der Station den ›alten Diakonissen‹, mit denen wir reden durften. Es hörte aber auch eine Schülerin mit.

Die pfiffige Diakonisse, mit der ich sprach, reagierte günstig für meinen Plan.

»Na, Bruder Fischer, ist das auch wirklich Ihre leibliche Schwester?«

Dabei drohte sie mir schmunzelnd mit dem Finger.

»Sie merken aber auch alles!«, war meine kurze Antwort – und sie genügte.

Ich sah, wie die Schülerin ihren Mund verzog, sich auf die Lippen biss und wütend abdrehte. Ihre Gedanken waren ihr anzusehen: ›Die Kerle vergnügen sich anderweitig!‹

Armin trieb es noch einen Zahn schärfer.

Ein Patient fragte ihn, wie es uns drei jungen Männern im Diakonissenhaus gefalle. Eine Schülerin stand in der Nähe.

»Ach, es ist schön hier. Wir fühlen uns sehr wohl.«

Der Patient entgegnete: »Das ist ja auch kein Wunder, bei so vielen hübschen Mädchen!«

»Falls Sie die Schülerinnen meinen, die machen

uns mächtig Spaß. Wahrscheinlich wollen sie alle einmal Diakonisse werden und üben sich in der Keuschheit. Die gucken so belämmert in die Welt, als wären sie in einem Schafstall geboren.«

Das war zu viel. Ab sofort änderten die Mädchen ihr Programm. Sie wurden ganz einfach ›normal‹.

Ich traf ein paar Tage später eine Schülerin in der Wäscherei. Wir holten beide für unsere Stationen die frisch gewaschene Wäsche ab. Als die Schwester nach hinten ging, um unsere Bündel zu holen, sagte das schwarzhaarige Mädchen, das eine Mischung von Schönheit und Feuerwerk war: »Ich habe heute Nachmittag frei.«

»Ich auch.«

»Ich fahre um 15.25 Uhr mit der 17 in die Stadt.«

»Ich auch.«

Mehr Absprache war nicht nötig.

Isabé, so hieß das Mädchen, war pünktlich an der Haltestelle. Ich auch.

Aber, o Schreck, die Oberschwester der Station 3 auch.

Die Diakonisse ging auf die Schülerin zu, verwickelte sie in ein Gespräch, und als die Bahn kam, stiegen sie beide ein. Ich nahm den zweiten Wagon.

Was nun?

Isabé stieg am Hauptbahnhof aus. Die Diakonisse fuhr weiter. Ich auch. Jetzt kam es darauf an, ob wir uns ohne Verständigungsmöglichkeit ver-

125

stehen würden. Drei Haltestellen später stieg *ich*
aus, ließ die Bahn mit der Diakonisse weiterfahren
und fuhr mit der nächsten Bahn zum Bahnhof
zurück.

Isabé war nicht zu sehen. Ich betrat die Westhalle,
sah mich um, suchte hier und suchte da.
Vergebens.
Dasselbe widerfuhr mir in der Osthalle.
Die Enttäuschung war groß.
Laut entfuhr mir ein gut deutsches, aber trotzdem unfeines Wort. Da lachte es hinter mir und
zwei Hände verschlossen mir die Augen.
»Isabé! Komm, wir setzen uns ins Bahnhofs-
restaurant.«
»Bist du von Sinnen? In der ganzen Stadt wim-
melt es von Diakonissen. Nimm ihre Drohungen
ernst. *Ich* fliege raus und *du* auch, wenn die uns
zusammen sehen.«
»Wir können uns doch nicht unsichtbar machen.«
»Klar können wir das. Du kommst jetzt einfach
hinter mir her.«
Ich war gespannt, wo sie hinwollte. Ein Ort, an
dem uns keine Diakonisse sehen könnte? Wo gab
es den?
Isabé lief zielsicher auf eine Berufsschule zu,
die über ein riesiges Freigelände verfügte, das von
einer dichten Hecke umgeben und somit zur Straße hin gut abgeschirmt war.
Hier gab es Bänke in Fülle. Und wenn es draußen

zu ungemütlich war, konnte man auch im *Haus* Platz finden. Junge Leute gingen den ganzen Tag über aus und ein. Da fiel man nicht auf.

Wir saßen in unserem Versteck sicher, hatten uns viel zu erzählen, freuten uns über unseren gelungenen Streich, planten weitere und – jetzt kommen wir der Hauptsache näher – Isabé bot mir an, meine Hosen zu bügeln.

Bedenke: Wir schrieben das Jahr 1950. Mein Hosenstoff hatte die Qualität eines Scheuerlappens. Isabé wollte mit einer scharfen Bügelfalte gegensteuern.

»Wenn du meinst? Aber *wie* willst du zu meinen Hosen kommen? Ich kann sie dir doch nicht zur Abendandacht servieren.«

»Schafskopf!«

Tatsächlich. Sie hatte mich ›Schafskopf‹ genannt. Die traute sich was!

»Die großen Flügeltüren zum Kirchsaal stehen Tag und Nacht offen. Dabei verdeckt die rechte Türhälfte etliche Kleiderhaken. Sonntags vormittags vor dem Gottesdienst herrscht im Haus Hochbetrieb. Da hängst du die Hose über einem Bügel unauffällig hinter die Tür.« Mir blieb der Mund offen.

»Wenn das einer sieht!«

»Du musst nicht so viel Angst haben. Je dreister du es anstellst, desto sicherer ist es. Wenn die Hose hängt, knöpfst du dir dein Hemd bis oben zu; dann weiß ich Bescheid.« – Zugeknöpfte Hemden sind für mich ein Gräuel; darum trage ich sie

127

immer offen. – »Dann schnappe ich sie mir heimlich, bügle sie und hänge sie dir ebenso geheimnisvoll wieder hin.«

»Und woher weiß ich, dass du es geschafft hast?«

»Erstens daran, dass mich noch keine Schwester gefressen hat, und zweitens daran, dass ich meine Haube nicht mit einer weißen, sondern mit einer roten Haarklemme feststecke.« (Auch die Schülerinnen trugen Hauben wie die Diakonissen und sahen wirklich gut damit aus.)

Der Plan gelang.

Wir waren richtig stolz auf unsere kriminellen Fähigkeiten. Nur hielt die Bügelfalte nie lange und Isabé musste die Hose oft bügeln.

Mit der Zeit wurde das Spiel zur Routine, bis meine chronische Vergesslichkeit uns beide fast Kopf und Kragen gekostet hätte.

Ich hatte die rote Haarklemme sehr wohl bemerkt, aber auch wieder vergessen. Ich brauchte die Hose tagelang nicht, da ich noch eine besaß, und so hing die Hose, hing und hing und hing, bis die Pfortenschwester doch einmal auf den Gedanken kam, hinter der offen stehenden Kirchsaaltür nach dem Rechten zu sehen.

Mir gefror das Blut in den Adern, als ein Anruf auf der Station mir verkündete, dass meine Hose gefunden worden sei. Ich solle mich sofort in der Pforte melden. Auf meinem Weg dorthin kam ich an Isabés Station vorbei.

128

Ich guckte rein, fand sie und flüsterte ihr zu:

»Ich habe vergessen, die Hose zu holen. Die Pfortenschwester hat sie gefunden. Verzeih mir bitte. Ich weiß nicht, wie das ausgeht.«

Isabé guckte aber gar nicht böse.

»Hihi, endlich passiert mal was. Junge, jetzt wird's spannend. Ich hoffe, ich kann mich auf dich verlassen! Auch auf der Folterbank sagst du kein Wort! Aber du hörst von mir.«

Folterbank?

Die Kleine spann wohl. So schlimm konnte es doch nicht werden.

Doch wir lebten zwar nicht im Mittelalter, aber immerhin im Diakonissenhaus.

Eine echte Folterbank hatten sie nicht. Aber die nun folgenden Verhöre waren auch nicht schmerzfrei. Die Mutter Oberin und drei weitere leitende Schwestern nahmen mich in die Zange. Ihr Scharfsinn hatte herausgefunden, dass die Hose frisch gebügelt war. Aber welche Schülerin hatte solchen Frevel begangen? Dass es nur eine Schülerin gewesen sein konnte, dessen waren sie sich sicher.

»Bruder Fischer. Dass es sich um *Ihre* Hose handelt, ist klar erwiesen, denn Sie haben sie oft genug getragen. Von Ihnen wollen wir jetzt wissen, welches Mädchen die Hose gebügelt hat. Eine Männerhose im Schlafsaal der Mädchen, das ist ein Skandal. Was haben Sie dazu zu sagen?«

»Nichts. Ich finde das ganz harmlos. Den Namen der ›großen Sünderin‹ gebe ich nicht preis. Aber ich staune, dass für Sie nur eine Schülerin infrage kommt.«

»Sie wollen doch wohl nicht behaupten, dass eine Diakonisse Ihre Hose gebügelt hat?«

»Warum nicht? Meine Tante ist Diakonisse in Dresden und hat mir meine Hosen schon oft gebügelt. Die kann das.« Was auch stimmte!

Der ganze Tag und der darauf folgende dazu gingen über den Verhören hin. Die Mädchen wurden einzeln und in Gruppen vernommen. Die hatten sich etwas einfallen lassen, darauf wäre ich nie gekommen.

Einigkeit unter dreißig Mädchen! Das will etwas heißen.

Alle dreißig behaupteten, die Hose gebügelt zu haben.

Hätte man die *eine* Sünderin gefunden, wäre sie, wie angekündigt, aus dem Haus und der Schule verwiesen worden. Aber gleich alle zu entlassen ging nun doch nicht an.

Die Mutter Oberin nahm ihre ganze Güte zusammen und ließ mich wissen, dass sie die Sache begraben wolle.

»Sie können sich Ihre Hose in der Pforte abholen.«

Doch als ich dorthin kam, griff die Pfortenschwester ins Leere. Die Hose war verschwunden.

Neue Aufregung. Telefongespräche.

Gehetztes Hin und Her gestresster Schwestern, die die Welt nicht mehr begriffen.

Mir schwante Schlimmes. Isabé war am Werk!

Ich versuchte, die Schwestern zu beruhigen: »Die Hose findet sich bestimmt wieder.«

Ja, sie fand sich. Isabé brachte sie mir am nächsten Tag mit in unsere verborgene Berufsschulecke.

»Wie bist du denn zu der Hose gekommen?«

»Na, ich habe sie mir aus der Pforte geholt.«

»Bist du verrückt?«

»Schon möglich. Gefällt dir das nicht? Das ist doch spannend.«

»Und *wie* hast du es angestellt?«

»Auch eine Pfortendiakonisse ist nicht frei von kleinen Bedürfnissen. Ich habe mich mit zwei anderen Schülerinnen so lange auf der Treppe unterhalten, bis Schwester Elsa mal aufs Örtchen musste. In *der* Zeit konnte ich ganz in Ruhe die Hose holen und wegbringen. So einfach war das.«

Ich habe Isabé nie wieder gesehen. So geht uns das mit vielen Menschen. Wir begegnen uns für kurze Zeit und verlieren uns aus den Augen.

Aber so oft ich an sie denke, die nun – falls sie noch lebt – wie ich fast 70 Jahre alt ist, segne ich sie; die Diakonissen übrigens auch.

Rache ist süß

Wir drei Brüder waren unterschiedlichen Stationen zugeteilt. Ich erlebte mein Praktikum auf der ›Inneren‹ für Männer auf Station 6. Hier wurden Lungenentzündungen, Magengeschwüre und Asthmaleiden behandelt.

Bitte erinnere dich daran, dass der Zweite Weltkrieg erst fünf Jahre zurücklag. Du darfst also nicht die heutigen Maßstäbe anlegen, wenn du dir ein Krankenhaus vorstellst. Deutschland bestand aus Ruinen.

Entsprechend sah auch meine Station 6 behelfsmäßig aus, sie war in einer lang gestreckten Baracke untergebracht.

Zum vorderen Teil gehörten das Wohn- und Schlafzimmer der Stationsschwester, die rund um die Uhr bei ihren Kranken lebte, ein Einzelzimmer und zwei Zweibettzimmer.

Der Mittelteil bestand aus einem großen Saal für zwölf Patienten und ging nahtlos über in den hinteren Teil mit noch einmal fünf Betten.

Unsere Stationsschwester Martha war so perfekt, dass ich immer ein wenig vor ihr zitterte. Ihr Schreibtisch stand in der Mitte des großen Krankensaales. Von da aus konnte sie alles beobachten, was auf der Station geschah. Ihr entging absolut gar nichts!

Als ich einem Patienten eine Abführtablette in

der Hand brachte, sprang sie auf, stand wie ein Cherub vor mir, und ich wusste schlagartig, welches Verbrechens ich mich schuldig gemacht hatte. Die Tablette gehörte selbstverständlich nicht in meine Hand, sondern in ein Medizinschälchen.

Schwester Martha war in jeder Beziehung vorbildlich – nicht gerade mütterlich, aber trotzdem liebenswert.

Früh um 6.30 Uhr ging unser Stationsarzt mit Schwester Martha von Bett zu Bett und legte fest, welche Patienten zum Durchleuchten ins Röntgenhaus gebracht werden sollten.

Jedem Arzt stand dafür am frühen Morgen nur eine begrenzte Zeit zur Verfügung, da es für alle neun Stationen nur *ein* Gerät gab. Uns Hilfspflegern war der Patiententransport vom Bett ins Röntgenhaus und wieder zurück übertragen.

Die Schwestern betteten die Kranken auf ein hochbeiniges Fahrgestell. Sie mussten darauf achten, dass der Patient der Jahreszeit und Temperatur entsprechend verpackt wurde, denn die Fahrt führte etwa 150 Meter durch die freie Natur – bei Wind und Wetter.

Diese 150 Meter mussten wir im Laufschritt zurücklegen, denn die Ärzte konnten fuchsteufelswild werden, wenn Wartezeiten entstanden. Wir rasten also mit unserem Vehikel aus der ebenerdigen Stationstür, an den anderen Stationsbaracken entlang, bogen rechts ein und schossen in leichter

Bergabfahrt eine Schmalstraße hinunter ins Röntgenhaus.

Zur Linken gab es einen kleinen Abhang, etwa anderthalb Meter tief, und unmittelbar vor dem Eingang des Röntgenhauses eine Wellblechwand zum Schutz gegen das Abgleiten in die Tiefe.

Wurden nur zwei oder drei Patienten geröntgt, so brachte das keine Probleme. Aber es gab Tage, da ließ der Arzt gleich zehn Patienten vorführen, und wir Pfleger mussten umso schneller arbeiten.

Welche Ängste müssen die armen Patienten ausgestanden haben, wenn wir mit ihnen diese Rennen veranstalteten!

Ein Bäckermeister wurde wegen Asthmabeschwerden bei uns eingeliefert. Seine Erstickungsanfälle waren so schlimm, dass er nach einer Woche noch immer nicht durchleuchtet werden konnte, obwohl unser Arzt dringend darauf wartete.

Eines Morgens meinte Herr Erdmann (so hieß der Bäcker): »Heute geht es mir gut. Sie können mich durchleuchten.«

Unser Arzt freute sich und gab mir die Anweisung, ihn als letzten Patienten ins Röntgenhaus zu bringen.

Acht Patienten waren zu fahren. Drei Wagen standen mir zur Verfügung. Tempo war angesagt.

Herr Erdmann durfte nicht auf dem Wagen liegen. Erstens war er zu lang; zweitens konnte er nur im Sitzen einigermaßen gut atmen.

Ich hatte vom Arzt gerade zu hören bekommen, ich solle keine Spazierfahrt durch den Garten veranstalten. Er habe nicht so viel Zeit. Also *mehr* Tempo!

Ich fuhr – nein, ich raste mit dem Bäckermeister durch die Tür ins Freie, nach links, die Stationen entlang, wich der Küchenschwester aus, die mit ihren Kübeln den halben Weg versperrte, weiter, nur weiter, nach rechts zur Talfahrt ins Röntgenhaus.

Da geschah es: Die Räder ließen sich nicht mehr lenken. Der Wagen drohte, mit Raketengeschwindigkeit die Böschung hinunterzufliegen. Ich bremste mein Tempo, drückte mit aller Kraft nach rechts und schaffte es in letzter Sekunde, den Karren mit seiner kostbaren Fracht gegen die Wellblechwand zu fahren. Es krachte, es donnerte, es schepperte und klirrte. Herr Erdmann hatte sich in Todesängsten so festgehalten, dass er – o Wunder – nicht vom Wagen flog.

›GOTT SEI DANK!‹

Das sage ich noch heute aus vollem, glücklichem Herzen.

Mir war plötzlich sehr übel.

Mein Patient erlitt auf der Stelle einen fürchterlichen Asthmaanfall. Als ich mit ihm so ins Röntgenhaus kam, schrie mich der Arzt an. »Wieso bringen Sie mir den Mann in solchem Zustand hier an? Wie ist das zugegangen? Er war doch vorhin noch wohlauf. Bringen Sie ihn schnellstens zurück. Er muss gespritzt werden.«

135

Ich fuhr zurück, mehr taumelnd als laufend. Was würde geschehen?«

Als mich Schwester Martha zurückkommen sah, war auch ihre erste Frage:

»So ein Anfall kommt doch nicht ohne Ursache. Was ist geschehen?«

Ich zuckte nur mit den Achseln.

Herr Erdmann konnte nicht reden. Noch auf dem Wagen bekam er eine Spritze und wurde erst dann in sein Bett zurückgelegt.

Was ich mir nicht erklären konnte, war, dass keiner den Lärm gehört hatte. Er war eigentlich nicht zu überhören und Schwester Marthas immer wachsame Ohren hätten ihn auf jeden Fall mitbekommen müssen. Die hörten doch sonst vom Schreibtisch aus, wenn ich dem Patienten im Doppelzimmer versprach, ihm bis morgen einen Krimi zu besorgen:

»Wir haben gute Bücher im Haus, Bruder Fischer. Schundliteratur ist bei uns verboten!«

Gott schien ihr die Ohren für einen entscheidenden Moment verstopft zu haben. Sie wusste von nichts.

Was würde aber passieren, wenn Herr Erdmann wieder sprechen könnte? Ich verspürte echte Angst. Gegen dies hier war die Hosengeschichte ein Klacks gewesen. Außerdem hatten sich dabei die Schuld wie auch die Strafe auf zweier Schultern verteilt. Hier aber war ich allein schuldig.

Welches Donnerwetter würde Schwester Martha loslassen, die schon dann das feurige Schwert zückte, wenn sie nach dem Bettenmachen im Laken eines Patienten ein Fältchen entdeckte? Nicht auszudenken!

Der Vormittag schlich dahin. Herr Erdmann konnte sprechen, aber er sagte nichts.

Als Schwester Martha für einen Augenblick ihre Kommandozentrale verlassen musste, ging ich ans Bett des Misshandelten, um mich bei ihm zu entschuldigen.

Er aber winkte ab.

»So leicht lässt sich das nicht wieder gutmachen. Dafür war Ihr Vergehen zu hanebüchen. Ich habe mir eine Strafe ausgedacht, an die Sie Ihr Leben lang denken werden.«

Er hat Recht behalten.

Der Unfall war an einem Mittwoch passiert.

Am Nachmittag war Besuchszeit.

Herr Erdmann würde alles seiner Frau erzählen und diese dem Arzt und der der Schwester Martha – und dann würde ich gerichtet – hingerichtet!

Ich bedauerte mich zutiefst.

Der Tag verstrich. Um 20 Uhr war für mich Dienstschluss. Bis dahin war alles ruhig geblieben. Herr Erdmann rief mich noch einmal zu sich ans Bett.

»Das war ein höllischer Tag. Ich bin froh, ihn überlebt zu haben.«

»Ja, ich auch.«

»Strafe muss sein. Sehen Sie das ein?«

»Ja, selbstverständlich sehe ich das ein.«

»Das ist gut so. Dann hat es ja auch noch ein paar Tage Zeit. Gute Nacht.«

Von einer guten Nacht konnte keine Rede sein. ›Es hat noch ein paar Tage Zeit‹, hatte er gesagt. Er ließ mich zappeln, gewiss bis zum Montag, zur Chefvisite. Dann würde er reden.

Donnerstag. Nichts geschah.

Freitag – nichts.

Sonnabend – nichts.

Sonntag – nichts, bis 17 Uhr. Die Besuchszeit war zu Ende. Herr Erdmann rief mich.

»Haben Sie jetzt frei?«

»Ja, bis morgen Mittag.«

»Dann holen Sie sich mal den Karton aus meinem Nachttisch.«

Ich gehorchte.

»Den öffnen Sie erst in Ihrem Zimmer. Und dann sind wir quitt. Fort mit Ihnen!«

Ich zog mit dem Karton los.

Meine beiden Zimmerbrüder waren schon ausgehbereit, als ich mit dem Karton anrückte. Ihnen hatte ich am Mittwochabend von meinem Unglück erzählt. Nun warteten sie gespannt auf den Ausgang der Geschichte.

Welche Strafe lässt sich in einem Karton verpacken?

Ich öffnete.

Drei Augenpaare schraubten sich aus ihren Höhlen in den Karton. Drei Hälse wurden lang und länger.

Drei Kehlen stöhnten »Aah« und »Ooh«.

Bedenke, wir schrieben das Jahr 1950. Brot gab es nur auf Zuteilung oder auf dem Schwarzmarkt für ein Vermögen. Brötchen kannten wir nur noch aus der Erinnerung. Kuchen buken wir aus Mehl mit untergemengtem Kaffeesatz (vom Blümchenkaffee, der aus Gerste bestand!).

Der Karton aber enthielt eine ›RIESEN-SCHLEMMER-ERDBEERTORTE‹!

Meine beiden Moritzburger Brüder erklärten sich, opferfreudig, wie sie als angehende Diakone nun einmal waren, bereit, mir einen Teil der Strafe abzunehmen.

Eine Stunde später war die Schuld gesühnt, die Strafe erlitten, der Karton leer.

Bäckermeister Erdmann hat Recht behalten.

Diese Strafe bleibt mir lebenslänglich in Erinnerung.

Ob er bei Gott abgeguckt hat?

Brot zu verschenken!

Zu essen bekamen wir im Diakonissenhaus reichlich. Das lag sicher daran, dass Krankenhäusern zusätzliche Lebensmittel zugeteilt wurden, wovon wir profitierten.

Wir durften uns zum Beispiel von der Küchenschwester so viel Brot holen, wie wir zum Sattwerden brauchten. Zu jedem Brot gab sie uns ein Glas Marmelade.

Da wir die Marmelade aber sehr dick auf unsere Schnitten klebten, reichte diese nie für das ganze Brot.

Also gingen wir zur Küchenschwester und fragten sie, ob wir ein Glas Marmelade *zusätzlich* bekommen könnten.

»Nein. Das können Sie nicht. Aber ich gebe Ihnen noch ein Brot und ein Glas Marmelade dazu. Das geht.«

»Wir brauchen aber kein Brot. Davon haben wir genügend. Wir möchten nur Marmelade.«

»Zu einem Glas Marmelade gehört ein Brot und zu einem Brot gehört ein Glas Marmelade. Das ist nun mal so. Essen Sie ordentlich, dann wird auch das Brot alle.«

Es wurde aber nicht alle. Immer war nur das Marmeladenglas leer. Vier Dreipfundbrote hatten sich inzwischen bei uns angelagert, die wir nicht brauchten.

So viele Menschen hungerten und wir sollten Brot verderben lassen? Das war unmöglich. Was tun?

Mit der Küchenschwester war nicht zu reden. Die hatte ihr Gesetz und nach diesem Gesetz gehörte zu jedem Glas Marmelade ein Brot.

Die Brote auf dem Schwarzmarkt zu verkaufen, kam für uns nicht infrage. Das hätte unser Gewissen nicht zugelassen. Also verschenken. Aber wem und wie?

Meine beiden Mitstreiter hatten zwar gute Ideen, doch nicht den Mut mitzumachen. Sie sahen voraus, was kommen würde.

»Kein Mensch glaubt uns, dass wir gutes Brot verschenken. Lieber hungern sie.«

Genauso kam es.

Ich packte die vier Brote in zwei Taschen und zog in meiner Freistunde zwischen 14 und 15 Uhr los.

Erst musste ich mich einmal ein Stück vom Diakonissenhaus entfernen. Dann verließ ich die Hauptstraße und lief kreuz und quer durch mehrere Nebenstraßen.

Jetzt konnte es losgehen.

Ein Mann trat aus dem Haus.

»Ich möchte Ihnen gern ein Brot schenken.«

Er stutzte einen Moment und lief, ohne ein Wort zu sagen, eilig davon.

Wieder kam mir ein Mann entgegen, dieser war etwas älter.

»Guten Tag. Ich habe ein Brot übrig und möchte es Ihnen gern schenken.«

»Hast's wohl geklaut und nun geht dir die Muffe. Jetzt willst du's schnell wieder loswerden. Aber nicht bei mir.«

Fort war er.

Als Nächstes begegnete mir eine Frau, die vielleicht 50 Jahre alt war.

Ich trat ihr *so* in den Weg, dass sie vor mir stehen bleiben musste.

»Ich würde Ihnen gern ein Brot schenken. Ich habe es übrig.«

»Kein Mensch hat Brot übrig. Und Schwarzmarktpreise kann ich nicht bezahlen.«

»Sie sollen es nicht bezahlen. Ich *schenke* Ihnen das Brot.«

»Sie sind entweder verrückt, oder Sie wollen mich vergiften.«

Ich hatte meine Tasche schon geöffnet. Die Frau sah die beiden Brote.

»Sie sind einwandfrei. Ich schenke Ihnen auch gern *beide*.«

»Nein, vielen Dank. Ich lasse mich nicht darauf ein.«

Dabei schob sie mich zur Seite und eilte davon.

Wenn jetzt ein Kind gekommen wäre! *Ihm* hätte ich die Brote samt den Taschen in die Hände gedrückt.

Es wäre bestimmt mit seinem Schatz glücklich nach Hause gelaufen.

Aber es kam kein Kind.

Stattdessen ein junger Mann.

»Guten Tag. Ich habe Brot.«

»Ich habe keins!«

»Ich kann Ihnen Brot geben.«

»Jetzt kommt Ihr Schwarzmarkthändler schon bis hier heraus. Euch wird's wohl im Zentrum zu heiß?«

»Nein. Ich will kein Geschäft machen. Ich will Ihnen das Brot *schenken*.«

»Geschenktes Brot gibt es nicht. Die Sache ist faul.«

Ich zeigte ihm meine Brote.

»Die sind echt. Richtig gute Brote.«

»Mag sein. Aber ich rühre sie nicht an. Wer kann wissen, zu welcher Bande du gehörst. Brot verschenken, wo alle Hunger haben! So ein Wahnsinn! Lass mich in Frieden.«

Auch er ging.

Ich lief ein paar Straßen weiter. Es musste doch *einen* Menschen geben, der sich ein Brot schenken ließ!

Eine Frau mit Kinderwagen lief vor mir. Ich holte sie ein und sprach sie an.

»Guten Tag. Sie wären gewiss froh, wenn Sie ein zusätzliches Brot bekommen könnten.«

Sie sah mich an, sagte aber nichts.

»Ich kann Ihnen Brot geben. Und Sie müssen es mir nicht bezahlen.«

Dabei öffnete ich die eine Tasche und ließ sie die Brote sehen. Die Frau sagte noch immer nichts.

Ich nahm das eine Brot, um es ihr einfach in die Hand zu drücken. Da reagierte sie sofort.

»Behalten Sie Ihre Brote. Und wenn ich verhungern müsste, ich nehme von Fremden kein Brot an. Wo haben Sie die Brote her?« »Die Brote gehören mir. Ich bekomme reichlich davon und habe sie übrig. Darum will ich sie verschenken.«

»Gehen Sie mir aus dem Weg. Sie sind mir unheimlich.«

Ich versuchte, ihr ein Brot auf den Kinderwagen zu legen. Da boxte sie mich in die Seite.

»Wenn Sie nicht sofort verschwinden, schreie ich um Hilfe!«

Jetzt war *ich* es, der floh. Ich fühlte mich erbärmlich.

2000 Jahre vor mir lief Jesus durch die Straßen Jerusalems und rief:

»In Gottes Namen gebe ich euch Brot zum *ewigen* Leben. Denn dazu hat mich der Vater gesandt, dass ihr durch mich das Leben in seiner ganzen Fülle habt.

Ich bin das Brot des Lebens. Wer zu mir kommt, den wird nicht hungern; und wer an mich glaubt, den wird nie mehr dürsten.«

Aber damit hatte er auch kein Glück.

Die einen hielten ihn für einen Spinner und gingen wortlos an ihm vorüber, andere verspotteten ihn, empörten sich, und einige schafften ihn schließlich aus dem Weg.

Die wenigen jedoch, die sein himmlisches Lebensbrot annahmen, empfingen neues Leben aus der Kraft und der Güte Gottes.

Das ist noch heute so!

Du möchtest meine Geschichte zu Ende hören?

Sie hat kein *Ende*, nur eine Fortsetzung.

Niemand hat mir mein Brot abgenommen, obwohl es echtes, nahrhaftes Brot war.

Ich wollte es gerade irgendwo hinlegen, da kam eine Frau mit zwei leeren Eimern.

Jetzt oder nie!

Ich sprach die Frau nicht an. Ich fragte sie nicht. Ich versuchte nicht, ihr die Sache zu erklären. Ich vertrat ihr den Weg, öffnete meine Taschen, verteilte meine vier Brote in ihre zwei Eimer und lief fort, ohne mich noch einmal nach ihr umzusehen. Darum kenne ich den Schluss der Geschichte nicht.

Freilich habe ich versucht, mir die Frau vorzustellen, die plötzlich vier Brote besaß, wie von Zauberhand oder wie vom Himmel gefallen.

Vielleicht hat sie die Genießbarkeit des Brotes erst einmal an einer Katze geprüft?

Vielleicht ist ihre Familie – vorausgesetzt, sie hatte eine – bedenkenlos über das Brot hergefallen und hat gegessen, gegessen, gegessen.

Vielleicht hat die Frau ein Brot gegen Zucker eingetauscht?

Vielleicht hat sie ein Brot verschenkt?

Vielleicht hat sie Gott für das unverhoffte und unerklärliche Geschenk gedankt?

Vielleicht. Ich weiß es nicht.

Gesunder Appetit

Hast du dir schon einmal Gedanken darüber gemacht, wie viel Zeit wir im Bett zubringen?

Rechnen wir mit einem täglichen Schnitt von acht Stunden Schlaf (in der Kindheit kommt mehr zusammen; das gleichen wir später wieder aus), so genießen wir von drei Lebensjahren eins im Bett. Das ist doch beachtlich.

Bedingt durch meinen Reisedienst als Evangelist und Zirkuspfarrer verbrachte ich meine Nächte in über 600 verschiedenen Betten und Schlafplätzen.

Ich begann – wie die meisten Menschen – im Kinderkorb, vertauschte den mit dem Gitterbett, fiel – als ich so groß war, dass ich in einem ›normalen‹ Bett schlafen durfte – des Öfteren heraus, und wechselte, als ich ein Mann wurde, die Betten häufiger als meine Hemden.

Ich schlief unter Federbetten, Decken, Schlafsäcken, auf Luftmatratzen, Couchs, Strohsäcken, Ofenbänken, Campingliegen, auf Sägespänen, Gras, Sand, Brettern, Teppichen, Schlaraffiamatratzen, in Autos (zum Beispiel vier Monate in einem Trabant!), Schlaf-, Wohn-, Kinder-, Gästezimmern, auf Dachböden, in Baracken, Wohnwagen, Zirkuszelten, Pferdeställen, Schlafwagen, Campingzelten, in Wäldern, Steinbrüchen, Sandgruben, Krankenhäusern ... *und* Hotels.

Ach du lieber Himmel!

Ja, ich habe von meinen 70 Lebensjahren mehr als 23 geschlafen – *abwechslungsreich* geschlafen, *abenteuerlich* geschlafen, *fest* geschlafen – wie der mächtige, fromme, über alle Maßen weise und reiche König Salomo, der eintausendvierhundert Wagen, zwölftausend Gespanne, tausend Frauen und vieles mehr sein Eigen nannte, und der aus Erfahrung schrieb: »Wer arbeitet, dem ist der Schlaf süß« (Prediger 5,11).

Du kannst daraus folgern, wie fleißig ich war.

Außerdem können Nachtquartiere spannend sein wie ein Krimi. Die folgenden Hotel-Beispiele werden es dir bestätigen.

Du darfst dir bei dem Wort ›Hotel‹ nicht *das* vorstellen, was man heutzutage darunter versteht – mit Bad und WC, Fernseher und Telefon, Fahrstuhl und Schlaraffiamatratzen.

Ich habe in einem sächsischen Kleinstadthotel mit Mäusen übernachtet. Die kamen, als ich beim Einschlafen war, und knisterten ganz unverschämt mit dem Butterbrotpapier, in das mir von einer Bekannten ein großes Stück Weihnachtsstollen eingewickelt worden war. Auf diesen meinen Stollen hatten sie es abgesehen.

Das Modernste in dem Zimmer war ein Zugschalter neben dem Bett für die Zimmerlampe. Ich zog daran. Es wurde Licht. Die Mäuse huschten davon.

Ich beschimpfte sie, löschte das Licht und versuchte einzuschlafen. Die Mäuse kamen wieder und knisterten weiter.

Ich bot ihnen meinen Stollen an für den Fall, dass sie mich erst einschlafen ließen. Sie waren aber so verfressen, dass sie es nicht abwarten konnten.

Also begann ich, sie zu jagen – im Schlafanzug und pantoffelschwingend –, unter das Bett, durch das Bett, auf dem Tisch, unter dem Tisch, vor der Gardine, hinter der Gardine, in die Kommode, aus der Kommode.

Eine Maus floh in meinen Mantelärmel. Ich drückte ihn oben und unten zu.

»Dich habe ich, du mistiges Mäusevieh!«

Aber es war der falsche Ärmel. Sie entkam, und wie mir schien, hohnlachend. Das geschah mir recht.

Gott steht immer auf der Seite des Schwächeren.

Mich packte die Wut. Ich suchte mit der Taschenlampe die Dielen ab und fand unter dem Monster von Uraltschrank das Dielenloch, durch das die Mäuse ins Zimmer huschten.

Mein heller Kopf fand *die* Lösung. Ich wickelte den Stollen aus und schob ihn direkt über das Mäuseloch. Immerhin wog er etwa 400 Gramm.

Die Mäuse waren mit mir zufrieden. Ich hatte mich sehr entgegenkommend gezeigt. Nach einer ruhigen Nacht konnte ich mich davon überzeugen, dass sie mir von meinem Stollen nicht ein Krümchen übrig gelassen hatten!

Zimmer Nr. 13

Angenommen, du sitzt mit mir im Wartezimmer eines Zahnarztes. Du hast Zeit und greifst nach einer der herumliegenden Illustrierten, die mit Sensationsmeldungen Furore zu machen versuchen. Du entdeckst ein Foto, auf dem ein Mann zu sehen ist, in auffällig gebückter Haltung vor einer Zimmertür, ein Auge am Schlüsselloch, ganz offensichtlich, um auszuspionieren, was hinter der Tür vor sich geht.

Unter dem Bild steht:

»Der Pfarrer G. Fischer wurde im Hotel ›Sowieso‹ dabei ertappt, wie er an mehreren Zimmertüren mit einem Blick durchs Schlüsselloch versuchte, die Hotelgäste bei ihrer Abendtoilette zu beobachten.«

Würdest du das glauben oder als böswillige Unterstellung entrüstet zurückweisen? Du glaubst es besser, denn ich habe es tatsächlich getan.

Ich erzähle es dir der Reihe nach.

Ich reiste erst am Abend an und fragte im Hotel nach einem freien Zimmer für die Nacht.

»Sie haben Glück. Bis auf ein Einzelzimmer sind wir ausgebucht. Aber *dieses* Zimmer können Sie gern haben.«

Ich freute mich, füllte die Anmeldung aus, bezahlte auch gleich im Voraus und bat darum, mich morgen früh um 6.30 Uhr zu wecken.

150

»Ich bringe Sie auf Ihr Zimmer.«

»Das ist nicht nötig. Ich finde mich zurecht.«

»Sagen Sie das nicht. Unser Hotel ist ein wenig verwinkelt, da es mehrere Häuser im Karree verbindet und die Etagen unterschiedliche Höhen haben. Ich zeige es Ihnen.«

Der Portier ging voran. Es stimmte. Sich hier zurechtzufinden war gar nicht so einfach. Zweimal links, drei Stufen nach oben, nach rechts bis zur Mitte, sechs Stufen aufwärts, nach links bis ganz hinten, zwei Stufen abwärts, und in der nächsten Etage das Ganze noch einmal in der umgekehrten Reihenfolge.

Vor einer Tür blieb er stehen, schloss sie auf, zog den Schlüssel aber gleich wieder ab, um ihn von innen einzustecken.

Er machte Licht und sagte:

»So, das ist Ihr Zimmer. Wenn Sie dann drin sind, schließen Sie von innen ab, weil unsere Türen keine Riegel haben.

Ich zeige Ihnen jetzt noch die Toilette.«

Er schloss die Tür und lief mir voran: nach links, nach rechts, nach unten und oben, vor und zurück, bis zu dem bewussten ›Örtchen‹. Da verabschiedete er sich und wünschte mir eine gute Nacht.

Ich hatte gar kein Bedürfnis nach diesem ›Örtchen‹. Dafür schossen mir aber gleich drei Gedankenblitze durch mein Gehirn.

1. Ich habe nicht auf meine Zimmernummer geachtet.

151

2. Ich finde den Weg zum Zimmer nicht zurück.
3. Ich schäme mich, an der Rezeption zu fragen.

Was also tun?

Oberstes Gebot: Ruhe bewahren!

Dazu muss ich mich schon anstrengen.

Ich rekapitulierte: Wir sind von dieser Seite gekommen; also gehe ich nach dieser Seite zurück. Hier macht der Gang eine Kurve und kurz dahinter ging es ... ging es ... – entweder nach links oder nach rechts.

Wir sind von links gekommen! Oder kamen wir doch von rechts?

War vorhin diese Treppe auch schon hier?

Vielleicht müsste ich doch nach rechts gehen?

Ich hatte mich hoffnungslos verlaufen.

Wenn wenigstens noch mein Zimmerschlüssel von außen gesteckt hätte! Alle Hotelgäste hatten ihn wegen der fehlenden Riegel mit ins Zimmer genommen, um von innen abzuschließen.

Aber ach, der meinige steckte ja auch schon von innen.

Immerhin – in *meinem* Zimmer brannte Licht, denn der Portier hatte es angeknipst. Also konnte nur ein erleuchtetes Zimmer das richtige sein.

Aber wie konnte ich feststellen, ob in einem Zimmer das Licht brannte oder nicht? Gute deutsche Qualitätsarbeit hatte alle Ritzen vermieden. Mir blieb nur der Blick durchs Schlüsselloch.

Zeigte das Schlüsselloch Finsternis, konnte es nicht mein Zimmer sein. Sah ich einen Lichtschein, gab es zwei Möglichkeiten: Es war mein

Zimmer oder es war nicht mein Zimmer.

Wie sollte ich mich in diesem Falle verhalten?

Ginge ich einfach hinein, als wäre es mein Zimmer, könnte es eine böse Überraschung geben.

Klopfte ich aber vorher an, um – falls das Zimmer von jemandem bewohnt war – dem Betreffenden zu sagen: ›Oh, Verzeihung, ich dachte, es wäre mein Zimmer‹, dann wird der sagen: ›Seit wann klopfen Sie denn an Ihrer eigenen Zimmertür an?‹

Ich mache mich auf jeden Fall verdächtig.

Und durchs Schlüsselloch in die Zimmer zu gucken ist auch peinlich, vor allem dann, wenn aus einer Tür jemand kommt und mich beim Gucken erwischt.

Meine Hoffnung war: Es wird nicht gleich einer kommen.

Ich bückte mich und blinzelte durch das erste Schlüsselloch. Kein Lichtstrahl war zu sehen.

Aber hier irgendwo musste mein Zimmer sein. Ich ging zur Nebentür. Hier brannte Licht. Ich horchte.

Kein Geräusch verriet mir, ob da einer war.

Soll ich klopfen?

Ja, ich versuche es.

»Herein!«

Nun musste ich aber auch hineingehen.

Ausreißen wäre noch viel unangenehmer aufgefallen.

Also trat ich ein und fand einen Mann schreibend am Tisch sitzen.

153

»Ich bitte vielmals um Entschuldigung, aber ich suche mein Zimmer.«

»Und woher soll ich wissen, welches Ihr Zimmer ist?«

»Sie können es natürlich nicht wissen. Aber ich dachte, Ihr Zimmer könnte das meine sein.«

»Wenn Sie dachten, es sei Ihr Zimmer, weshalb klopften Sie da an?«

»Eben deshalb, weil ich mir nicht sicher war, ob es mein Zimmer ist.«

»Nun stören Sie mich nicht weiter. Ich habe zu arbeiten!«

»Gute Nacht.«

Aber er schrieb schon wieder. –

Das nächste erleuchtete Zimmer würde ich ohne Vorwarnung betreten. Wusch sich gerade jemand oder lag schon im Bett, würde er gewiss abgeschlossen haben. Dann war es zwar auch peinlich, aber ich könnte mich ja durch die geschlossene Tür hindurch entschuldigen.

Das nächste Schlüsselloch signalisierte mir Finsternis, das übernächste ebenfalls und erst das dritte zeigte einen hellen Schein. Ansonsten war da drin nichts zu sehen und auch nichts zu hören.

Ich drückte die Klinke nach unten, aber die Tür war verschlossen.

»Ist da wer?«

»Verzeihung. Ich war an der falschen Tür.«

Soll ich nicht doch lieber den Portier aufsuchen?

Ich entschloss mich zu einem letzten Anlauf.

Auch durch das nächste Schlüsselloch sah ich einen Lichtschein. Ich öffnete die Tür. Niemand stand, saß oder lag im Zimmer, aber die herumliegenden Sachen zeigten mir, dass hier zwar jemand wohnte, aber nicht ich. Eine Frau kam durch den Flur. Ich wusste sofort, dass *sie* die Zimmerbewohnerin war. Ich wollte mich bei ihr entschuldigen, doch sie ließ mich gar nicht zu Wort kommen.

Dass ich in ihr Zimmer eingedrungen war, schien sie überhaupt nicht zu stören.

»Sie sind wohl ausgerissen?«

»Ausgerissen? Wieso und vor wem? Ich kann nur mein Zimmer nicht finden und bin versehentlich in Ihres geraten.«

Sie lachte.

»Und ich dachte schon, Sie ist das Gruseln angekommen und Sie suchen Schutz.«

»Sind die Zimmer hier so gefährlich, dass man sich fürchten muss?«

»Nun, das Ihrige schon.«

»Kennen Sie denn mein Zimmer?«

»Ja, ich kenne es. Vor einer Stunde wollten sie es *mir* andrehen. Aber ich habe es gar nicht dazu kommen lassen.«

»Das verstehe ich nicht. Woher wissen Sie, welches Zimmer mir der Portier zugewiesen hat?«

»Weil das Hotel voll belegt ist und, nachdem ich es abgelehnt hatte, nur dieses eine Zimmer noch zu haben war. Außerdem sah ich Sie vorhin mit dem Portier hier im Flur. Haben Sie sich denn Ihre Zimmernummer noch gar nicht angesehen?«

»Eben nicht. Das ist ja mein Verhängnis. Der Portier hat mich geführt, das Zimmer selbst geöffnet und mir anschließend die Toilette gezeigt.«

»Soll ich Ihnen helfen?«

»Wenn Sie das können, dann bitte ich Sie darum. Das würde mich aus der peinlichen Lage befreien, hier herumzuirren.«

Die Frau ging mit mir noch ein paar Schritte und öffnete eine Tür. Es war die Richtige! Hier fand ich meinen Koffer.

»Sie sind ein Engel.«

»Nicht so eilig, junger Mann. Jetzt sehen Sie sich erst einmal Ihre Zimmernummer an.«

Ich las: »Nummer 13. Das wäre so leicht zu merken gewesen, wenn ich richtig aufgepasst hätte.«

»Da hört sich doch alles auf. Merken Sie denn noch immer nicht, wo Sie sich befinden?«

»Aber ja – im Zimmer Nummer 13. Das ist die glückliche Zahl meines Geburtstages und unseres Hochzeitstages.«

»Sie sind nicht mehr zu retten. In dieses Zimmer würde ich keinen Fuß setzen. Das bringt Unglück!«

Jetzt war ich es, der lachte.

»Aber hören Sie, das ist doch Unsinn, das ist Aberglaube.«

»Aha, Sie sind auch so ein neumodischer Mensch, der nichts mehr glaubt. Na, Sie werden schon sehen!«

»Von wegen – ich und nichts glauben. Ich glaube

156

– nur nicht an schwarze Katzen, Spinnen, Hufeisen und Unglückszahlen. Ich glaube an Gott!«

»An *den* glaube ich auch! Aber Sie können mir sagen, was Sie wollen, die Zahl 13 ist eine Hexenzahl! Daran ändert auch Gott nichts.«

»Ich habe Sie vorhin einen Engel genannt und dabei bleibe ich. Aber ich wünsche Ihnen, dass Sie ein Engel werden, der Gott *über alle Dinge* fürchtet, liebt und vertraut. Lernen Sie, den Glauben vom Aberglauben zu unterscheiden. Verbinden lassen sich die beiden ebenso wenig wie Feuer und Wasser.«

Sie stand vor mir wie ein Kind, das von seinem Lehrer getadelt wurde.

»Dasselbe hat uns mein Pfarrer vor Jahren in der Konfirmandenstunde gesagt. Ich gebe es zu, meinem Glauben fehlt die Konsequenz. Ich danke Ihnen. Ich möchte es gern lernen, richtig zu glauben.«

»Sie dürfen Gott darum bitten. Er hilft Ihnen. Sie sind sein Kind. Er hat Sie lieb.«

»In der Kirche habe ich das schon oft gehört. Im Hotel hat mir das noch niemand gesagt. An Ihnen ist ein Pfarrer verloren gegangen. Ich wünsche Ihnen eine gute Nacht im Zimmer Nummer 13.«

Ich verriet ihr nicht, dass ich Pfarrer war.

»Wir könnten ja die Zimmer tauschen. Sie würden im Zimmer Nummer 13 genauso gut schlafen.«

»Heute lieber nicht. Ein andermal.«

Sie verschwand in ihrem Zimmer.

Ich blieb noch eine Weile in meiner offenen Tür stehen und schaute ihr nach.

Wie viele Menschen glauben wie sie an Katzen und Spinnen und Hufeisen und Sterne und Kettchen und Zahlen *und* an Gott.

Der aber sagt: »*Ich allein* bin der Herr, dein Gott«, und: »Du sollst keine anderen Götter neben mir haben!«

Wozu auch?

»Wer unter dem Schutz des Höchsten lebt und den Allmächtigen ehrt, der jubelt: ›Du bist meine Zuflucht. Bei dir bin ich geborgen. Mein Gott, ich vertraue dir.‹« (Psalm 91)

Ein Zimmer zu zweit

Es passierte mir in Plauen im Vogtland.

Die ältere Generation der Stadt mag sich noch daran erinnern, dass es, wenn man vom ›Tunnel‹ aus in Richtung Haselbrunn läuft, auf der rechten Seite ein Hotel gab. Vielleicht steht das sogar noch.

Ich kam am späten Nachmittag in die bescheidene Rezeption und fragte nach einer Übernachtungsmöglichkeit.

»Wir sind voll belegt.«

»Vielleicht reist aber bis heute Abend ein Gast nicht an? Das wäre doch immerhin möglich.«

»Na warten Sie mal. In einem Doppelzimmer liegt nur eine Person. In solchem Fall sagen wir von vornherein, dass wir noch einen Gast dazulegen, wenn es nötig wird. Wenn Sie damit einverstanden sind, dass Sie das Zimmer nicht für sich allein haben, kann ich Ihnen helfen.«

»Das ist doch ein Wort. Und wer ist dieser Mensch, mit dem ich das Zimmer teile?«

»Mein Kollege von heute früh hat die Anmeldung entgegengenommen. Ich sehe gleich einmal nach. Hier steht es: Mike Lorenz. Warten Sie, ich rechne ... er ist achtundzwanzig Jahre alt.«

»Ist Herr Lorenz jetzt im Zimmer?«

»Nein. Der Schlüssel hängt hier. Aber Sie können nach oben gehen und Ihr Gepäck einstellen, falls Sie das wollen.«

159

Ich erledigte meine Anmeldung und ging nach oben in den 2. Stock.

Mein Mitmieter hatte außer einem kleinen Handkoffer nichts hier gelassen. Die Betten waren wie Ehebetten aufgestellt. Auf dem einen Nachttisch lag ein Buch. Daraus schloss ich, dass Mike in diesem Bett schlafen wollte. Zum Zeichen dafür, dass ich das andere Bett in Beschlag nähme, legte ich Handtuch, Waschlappen und Seife darauf. Dann trollte ich mich und besuchte in der Stadt einige Artisten. Kurz vor Mitternacht kam ich ins Hotel zurück.

An der Rezeption verlangte ich den Zimmerschlüssel, bekam aber von der Nachtwächterin zur Antwort: »Schon oben!«

Also stieg ich die Treppe aufwärts.

Hoffentlich hatte der Mann nicht von innen abgeschlossen. Ich wollte ihn zu so später Stunde ja nicht wecken.

Das Licht knipste ich gar nicht erst an. Meine Taschenlampe musste reichen.

Ich legte die Hand auf die Klinke. Die Tür war unverschlossen.

Meine Schuhe trug ich schon in der Hand. Ich schlich auf leisen Sohlen ins Zimmer. Jacke, Schal und Mütze hängte ich an einen Haken. Um meine Nachtsachen aus dem Koffer zu nehmen, hob ich diesen auf den Tisch und entdeckte dabei ein paar Handschuhe aus feinem Leder. Ohne sie weiter zu beachten, schob ich sie ein wenig beiseite, öffnete

160

meinen Koffer und entnahm ihm meinen Schlafanzug.

Mike atmete ruhig.

Sollte ich mich erst waschen oder gleich schlafen gehen?

Gewaschen schläft es sich besser.

Auf dem Weg zum Waschbecken stieß ich mit
dem Fuß gegen den Mülleimer. Mist!

Mike wachte auf.

»Sie können Licht machen. Mich stört das nicht.
So lange werden Sie ja nicht brauchen.«

Mir stockte der Atem. Mike hatte eine Frauen-
stimme.

Ach du lieber Himmel!

Ich leuchtete zum Bett, sah aber nur einen Wu-
schelkopf, ohne dass ich hätte sagen können, ob
er blond, braun oder schwarz war. Wie versteinert
stand ich im Zimmer.

Der vermeintliche Mike, noch immer ahnungs-
los, langte mit der Hand zur Nachttischlampe,
knipste sie an und richtete sich ein wenig auf,
jetzt mit dem Gesicht mir zugewandt.

Katastrophe!

Ihr Schrei drang durch sämtliche Wände, Türen,
Treppen und Hotelbetten.

Mir fiel keine gescheitere Rede ein als die: »Ich
bin unschuldig! Man hat mir an der Rezeption gesagt, hier schlafe ein Mann.«

»Und wie genau muss ich mich Ihnen vorstellen,
damit Sie mir glauben, dass ich eine Frau bin?«

161

»Ist ja gut, ich glaube es.«

Die Attribute ihrer Weiblichkeit hingen deutlich sichtbar über der Stuhllehne. Aber das nahm ich erst jetzt bei Licht wahr.

»Und Sie glauben mir bitte, dass mir diese Angelegenheit äußerst peinlich ist. Es muss eine Verwechslung vorliegen. Der Pförtner in der Rezeption hat mir gesagt, hier übernachte ein Herr Mike Lorenz.«

»Stimmt genau. So heiße ich. Aber ich schreibe mich mit ›ai‹ und bin weiblich.«

»Ich verlasse Sie sofort und beschwere mich bei der Hotelleitung. Bitte verzeihen Sie mir, dass ich Ihnen solche Schrecken und Unannehmlichkeiten bereitet habe.«

»Ist schon gut. Sie tragen ja gar keine Schuld daran. Aber ich war so erschrocken. Jetzt schäme ich mich für mein lautes Geschrei. Die Leute müssen denken, hier passiert ein Mord. Ich hoffe, Sie haben dafür Verständnis, dass ich Sie nicht neben mir ins Bett lasse. Das geht einfach zu weit.«

»Sie müssen sich darum keine Gedanken machen. Wir sind uns einig. Nur auf der Straße möchte ich nicht gern übernachten.«

»Ich hoffe, die haben noch eine andere Möglichkeit für Sie.«

Sie sah mir zu, wie ich in aller Eile meinen Kram zusammenpackte.

»Ich wünsche Ihnen eine gute Nacht.«

»Gleichfalls. Gute Nacht!«

Die Frau in der Rezeption sah mich misstrauisch an, als ich die Treppe herunterkam. Sie hatte natürlich den Schrei gehört. Ich klärte sie auf.

»In dem Zimmer, in das Sie mich geschickt haben, liegt eine Frau.«

»Ich habe Sie in gar kein Zimmer geschickt. Wo sind Sie denn hingegangen?«

»Na, in Zimmer 17.«

»Das ist doch richtig. Das ist Ihr Zimmer.«

»Aber dort liegt eine Frau.«

»In Ihrem Bett?«

»Nein, im Nebenbett.«

»Und wie ist die Frau in Ihr Zimmer gekommen?«

»Genauso wie ich. Ihre Kollegen vom Tagdienst haben nicht gemerkt, dass sie eine Frau und einen Mann zusammen in ein Zimmer legen. Ihr Kollege von heute Nachmittag sagte mir, es wohne ein Mann namens Mike Lorenz in dem Zimmer.«

»Ja, so steht es auch hier im Buch. Also was ist daran falsch?«

»Falsch daran ist, dass Mike Lorenz kein Mann, sondern eine Frau ist.«

»So ein Unsinn. Das gibt's doch gar nicht.«

»Eben doch! Der männliche Mike schreibt sich mit ›i‹. Die weibliche Maike schreibt sich mit ›ai‹.«

Die Hotelfrau blätterte in ihren Papieren.

»Tatsächlich; auf der polizeilichen Anmeldung, die der Gast selbst ausfüllt, steht Maike mit ›ai‹ geschrieben. Mein Pförtnerkollege von der Frühschicht hat aber beim Übertragen in unsere

Zimmerliste das ›a‹ unterschlagen; so ist aus der Frau ein Mann geworden. Dafür kann ich aber nichts.«

»Was soll nun werden? Ich brauche für diese Nacht eine Unterkunft.«

»Ich kann Ihnen nicht helfen. Wenn die Frau kein Einsehen hat oder Sie selbst es ablehnen, in diesem Bett zu schlafen, dann bleibt Ihnen nur die Straße.«

»Das ist ein starkes Stück. Die Schuld liegt doch eindeutig hier im Haus. Bitte besorgen Sie mir jetzt eine Schlafgelegenheit. Ich bin ja nicht anspruchsvoll.«

»Na ja, da wäre noch eine Liege in einer Bodenkammer. Aber die ist eigentlich unzumutbar.«

»Es ist gewiss angenehmer, auf einer unzumutbaren Liege zu schlafen als auf Pflastersteinen.«

Sie ging mit mir nach oben, schloss eine Tür auf und leuchtete mit ihrer Lampe in einen winzigen Raum, dessen Mobilar aus einer Liege mit zwei Decken und einem Stuhl bestand. So könnte eine Gefängniszelle aussehen.

»Waschen können Sie sich morgen früh auf der Toilette. Ich wünsche Ihnen eine gute Nacht.«

»Gute Nacht!«

Mitternacht war längst vorüber. Ich schlief noch immer nicht. Die Liege schien in alten Zeiten als Folterbank gedient zu haben. Zwei Stockwerke unter mir stand ein bequemes, leeres Bett.

Ach Maike, hättest du dich doch nur mit einem
›i‹ geschrieben. –

Aber dann wäre diese Nacht auch keiner Erinnerung wert und ich um ein spannendes Erlebnis
ärmer.

Nachdem ich *das* kapiert und akzeptiert hatte,
schlief ich – trotz der harten Unterlage – so gut wie
König Salomo in seinem goldenen Himmelbett.

Die kalte Dusche

Zu Beginn der Siebzigerjahre gab es in Ostdeutschland allerdings auch schon ganz moderne Hotels, ›Interhotels‹ genannt.

Ich besuchte zwischen Weihnachten und Neujahr die in Magdeburg ansässigen Artisten, die ich sonst das ganze Jahr über nicht antraf, weil sie im ›sozialistischen Ausland‹ arbeiteten.

Das Hotel war in dieser besonderen Zeit fast leer und darum auch preiswert. Warum sollte ich mir bei den sonst so primitiven Übernachtungen nicht auch einmal *diesen* Luxus leisten?

Aber ach! Als ich das Zimmer im 6. Stock betrat, musste ich feststellen, dass es außer dem Bett zwar einen Tisch, jedoch keinerlei Sitzgelegenheit gab.

Ich telefonierte mit der Portierfrau und fragte sie ganz vorsichtig, warum es im Zimmer keine Stühle gäbe.

Ihre Antwort: »Weil wir sie aus allen Zimmern in den Saal getragen haben. Dort werden sie für die Silvesternacht gebraucht.«

Das war einzusehen. Die Übernachtungsgäste konnten am Tag im Zimmer stehen und nachts liegen. Echter Luxus im ›Interhotel‹!

Ich kam am Abend spät ins Hotel zurück. Da ich sehr zeitig bei Artisten Abendbrot gegessen hatte, meldete mein Magen schon wieder Appetit an. Auf der Service-Karte hatte ich am Morgen gelesen, dass auch im Zimmer serviert würde.

Wenn schon, denn schon!

Ich suchte mir auf der Speisekarte eine Kleinigkeit aus und gab meine Bestellung telefonisch auf. Der Koch ließ mich gar nicht ausreden.

»Warme Küche ist nicht mehr!« – Tut – tut – tut –. Er hatte eingehängt.

Ich wählte seine Nummer neu an.

»Gehört auch Tee zur warmen Küche?«

»Nein.«

»Dann bringen Sie mir bitte einen Tee auf mein Zimmer.«

»Für ein Glas Tee kommen wir nicht aufs Zimmer!« Tut – tut – tut.

Er hatte eingehängt.

Ich wählte neu.

»Wenn ich zum Tee ein Käsebrot nach der Speisekartennummer 27 bestelle, lassen Sie es mir dann bringen?«

»Ja.«

»Dann also bitte auf Zimmer 608. – Danke!«

Ich wartete zehn Minuten, zwanzig Minuten, dreißig Minuten!

Eine Turmuhr schlug elfmal.

Ich wählte neu.

»Hier Zimmer 608. Ich warte noch immer auf den Tee und das Käsebrot.«

167

»Also, ein bisschen Geduld müssen Sie schon aufbringen. Wir haben so wenig Personal, dass wir die Arbeit nicht schaffen.«

»Soll ich dann lieber runter ins Restaurant kommen?«

»Um Himmels willen, nein! Wir haben schon alle Tische für morgen eingedeckt.« Tut – tut – tut.

Er hatte eingehängt.

Es verstrichen noch einmal 15 Minuten. Es klopfte.

»Herein!«

Ein Kellner betrat mein Zimmer, der mich sehr an den Komiker Theo Lingen erinnerte.

Auf seinem Tablett balancierte er eine Flasche Mineralwasser und eine Weißbrotscheibe mit Salami. Er stellte das Essen auf den Tisch.

»Wenn ich jetzt auch noch einen Stuhl hätte, bräuchte ich nicht im Stehen zu essen.«

»Nehmen Sie sich das Essen doch auf den Nachttisch. Dann können Sie auf dem Bett sitzen.«

»*Eigentlich* hatte ich ja ein Käsebrot und Tee bestellt.«

»Nach 23 Uhr servieren wir auf den Zimmern *eigentlich* überhaupt nicht mehr. Soll ich es wieder mitnehmen?«

»Nein, nein. Ich bin ja schon zufrieden. Vielen Dank!«

Immerhin stand noch die Dusche vor dem Schlafengehen in Aussicht. *Sie* sollte mir ein Genuss werden. Daheim hatten wir so etwas nicht und im Zirkus gab es so etwas erst recht nicht.

Ich begann zu singen, da ich weder unter noch über noch neben mir Hotelgäste wusste: »Ich sing den Badewannentango, Badewannentango bei mir zu Hause, unter der Brause ...«, zog mich aus, hüpfte durch Zimmer, Flur und Bad unter die Dusche, fand dort aber nur *einen* Wasserhahn. Den drehte ich auf und wurde auch gleich nass – das Wasser war kalt.

Wo war der Hahn für das heiße Wasser? Ich konnte ihn nirgends entdecken. Ja, ›Interhotels‹ waren etwas ganz Modernes.

Es lag also gewiss nur an meiner Dummheit, die solche moderne Technik nicht begriff.

Ich drehte den Hahn ganz auf, halb zu, halb auf, ein Viertel zu, ein Viertel auf, schnell auf, langsam auf, schnell zu, langsam zu, ruckweise auf, ruckweise zu. Ich fror erbärmlich, denn immer hatte sich ein Strahl kaltes, inzwischen eiskaltes Wasser über mich ergossen.

Tropfnass wie ich war, eilte ich ans Telefon.

»Hier Zentrale.«

»Hier Zimmer 608 – Fischer. Können Sie mir sagen, wie ich unter der Dusche zu warmem Wasser komme?«

»Freilich kann ich das. Sie müssen nur den Hahn etwas gefühlvoll drehen, dann kommt erst kaltes, dann warmes, dann heißes Wasser.«

Ich tropfte zur Dusche zurück und drehte den Hahn *gefühlvoll* – versuch das mal vor Kälte zitternd, denn auch die Heizung war inzwischen kalt –, Windung für Windung.

169

Doch so viel Gefühl ich auch anwandte, das Wasser blieb eisig.

Konnte denn ein Mensch so dumm sein wie ich, dass er es nicht einmal verstand zu duschen?

Ich schämte mich vor mir selber. Doch auch die Scham entlockte der Dusche kein warmes Wasser – keinen einzigen Tropfen. Nur mein Temperament kochte. Du hättest ein geschlachtetes Schwein darin abbrühen können.

Ich hielt mir eine Strafpredigt.

»Du kannst abtreten. Wer zu blöde ist, einen Wasserhahn zu bedienen, der sollte nicht in der Weltgeschichte herumfahren. Auf der ganzen Erde gibt es keinen Dümmeren als dich!

Wenn du jetzt noch einmal in der Zentrale anrufst und dort erklärst, dass du trotz der gegebenen Gebrauchsanweisung unter kaltem Wasser stehst, schicken die keinen Klempner hierher, sondern einen Arzt; du Blödmann – du Trottel – du Versager!«

Ich hatte während meiner Strafpredigt den Hahn zugedreht. Nachdem ich durchs Schimpfen ein wenig Dampf abgelassen hatte, war ich in Versuchung, es mit einem Gebet zu probieren.

Wenn Gott durch einen kräftigen Schlag mit Moses Spazierstock frisches, klares, kaltes Wasser aus dem Felsen fließen ließ, warum sollte dann nicht auch durch das törichte Gebet einer technischen Niete warmes Wasser aus der Dusche brausen?

170

Das hatte mir noch gefehlt. Das Telefon klingelte!

Wer wollte denn jetzt etwas von mir?

Ich tropfte mich zitternd bis zum klingelnden Kasten.

»Hier Zimmer 608, Fischer. Wer da?«

»Hier die Zentrale. Herr Fischer, ich erfahre gerade vom Hausmeister, dass es beim warmen Wasser einen Rohrschaden gegeben hat. Es läuft bis morgen Mittag nur das kalte Wasser.«

»Sie machen mich glücklich! Vielen Dank für Ihren Anruf.«

Was wird die Frau wohl gedacht haben? Andere schimpfen und ich bedanke mich für das kalte Wasser. Sie konnte ja nicht ahnen, dass ihre Mitteilung mir klarmachte, dass ich mich für dümmer gehalten hatte, als ich in Wirklichkeit bin! Nun würde ich also auch nicht beten; denn ein *so* großes Wunder, dass trotz des Rohrschadens aus der Kaltwasserleitung heißes Wasser fließt, wollte ich Gott nicht zumuten.

Ich trocknete mich ab, sprang ins Bett, dankte meinem Vater im Himmel für so viel Güte und schlief ein in dem herrlichen Gefühl, nur begrenzt dumm zu sein.

Nun bist du dran!
Dass Gott auch dich aus seiner Fülle beschenkt,
ist ohne Zweifel!

Also erzähle!

Sigrid Singer

Das Balg

Ein Kinderschicksal

224 Seiten, RBtaschenbuch, Bestell-Nr. 220 846

Es ist noch nicht sehr lange her, erst einige Jahrzehnte. In den dreißiger Jahren wird in einem württembergischen Dorf ein Mädchen ungewollt schwanger und zerbricht an der Verachtung der Umwelt. Die Ehre bei den Leuten scheint wichtiger zu sein als die Seele des Kindes. Von der eigenen Mutter wird es als »Balg« beschimpft und misshandelt. Wird dieses Kind im Leben scheitern?

In einer spannenden und ergreifenden Erzählung schildert die Autorin die Geschichte des Kindes Natalie – ihre eigene Geschichte. Natalie wächst schließlich bei ihrem Großvater auf. Der gütige, kluge und sensible Mann fördert ihre Phantasie und ihr Selbstbewusstsein.

Hier »stimmt« jedes Detail der Erzählung: das Leben auf dem Land, die Bräuche, die Sprache, die Denkweise der Leute.

R. BROCKHAUS VERLAG WUPPERTAL